让男孩
像男孩那样长大

邓
雪

（硕正妈妈）

著

中国出版集团　现代出版社

图书在版编目（CIP）数据

让男孩像男孩那样长大 / 邓雪著.—北京：现代
出版社，2018.5
　ISBN 978-7-5143-7020-1

　Ⅰ．①让… Ⅱ．①邓… Ⅲ．①男性－家庭教育 Ⅳ.
①G78

　中国版本图书馆CIP数据核字（2018）第066206号

著　　者	邓　雪
责任编辑	杨学庆
出版发行	现代出版社
地　　址	北京市安定门外安华里504号
邮政编码	100011
电　　话	010-64267325　64245264（传真）
网　　址	www.1980xd.com
电子邮箱	xiandai@cnpitc.com.cn
印　　刷	三河市金泰源印务有限公司
开　　本	710mm×1000mm　1/16
印　　张	17
字　　数	238千字
版次印次	2018年5月第1版　2021年1月第2次印刷
标准书号	ISBN 978-7-5143-7020-1
定　　价	42.00元

你的儿女，其实不是你的儿女。

他们是生命对于自身渴望而诞生的孩子。

他们借助你来到这世界，却非因你而来，

他们在你身旁，却并不属于你。

你可以给予他们的是你的爱，却不是你的想法，

因为他们有自己的思想。

你可以庇护的是他们的身体，却不是他们的灵魂，

因为他们的灵魂属于明天，属于你做梦也无法到达的明天，

你可以拼尽全力，变得像他们一样，

却不要让他们变得和你一样，

因为生命不会后退，也不在过去停留。

——纪伯伦《你的儿女其实不是你的》（节选）

目录

第一章

其实，我们不懂男孩

古希腊伟大的哲学家柏拉图早在 2300 多年前就这样写道：

"在所有的动物之中，男孩是最难控制对付的。"

所以，面对男孩，不应只有爱和呵护，还应该有方法。

在公众号后台总会有很多焦虑的男孩父母，留言倾诉"为什么我家男孩这么皮，像有多动症一样""动不动就打人，总是担心他惹祸""胆子小，一点也不像个男子汉""在教室里待不住，怎样才能像女孩那样爱学习"之类的苦恼，先让我们来看看男孩的父母们是怎么说的吧。

"我是位全职妈妈，我儿子白白胖胖的，很可爱，但就是很顽皮，带着他，我真是片刻不得安宁。他总想在外面疯玩，一回家就哇哇地哭；我家邻居生了个小姑娘，可安静了，只要妈妈搂着，一坐就能坐半天。现在我儿子两岁半，成天上蹿下跳，咋咋呼呼的，闹得我头疼，每天我都盼着早点天黑，好休息一会儿。"

"我家儿子3岁多，刚上幼儿园不到半个月，老师已经请我去了两次。第一次是因为和小朋友抢玩具，把小朋友的脸咬了一口，我去时，那位小朋友的脸上还有瘀血的牙印；第二次是小朋友排队做早操，下台阶时他推了一把前面的小姑娘，小姑娘的膝盖都摔破了。我现在每天都提心吊胆的，生怕他在幼儿园又闯出什么祸来。批评他，他也不听，要是长大了还这样，那还得了！"

"我出身于军人家庭，我一直认为，只有严厉的纪律才能培养出优秀的男孩。在生活中，我一直对孩子严格要求，希望他养成良好的习惯和品行，不许磨蹭、不许打架、不许顶嘴，说一不二。小时候，孩子都不跟我亲，但我想，孩子小还不懂事，等他长大了就会知道我都是为了他好。可是他上了中学后，成绩越来越差，整天和社会上一些不三不四的人混在一起，甚至学会了抽烟和喝酒。我到底该怎么办？"

古希腊伟大的哲学家柏拉图早在2300多年前就这样写道："在所有的动物之中，男孩是最难控制对付的。"所以，面对男孩，不应只有爱和呵护，还应该有方法。

男孩与女孩的区别

如果我们能够走进男孩的心里，就会发现，这些问题并不难解决。首先我们来了解一下男孩和女孩到底有什么不同。

其实，我们每个人都能或多或少地感受到男孩和女孩的不一样。

男孩爱动、爱跑、爱跳，似乎总是闲不住，女孩则比较文静；

男孩喜欢看移动的物品，女孩则容易辨别色彩；

男孩擅长数学，女孩擅长语文；

男孩注意力相对集中，一次只能做一件事，女孩则可以同时处理很多事情；

男孩生气的时候会乱扔东西，而女孩爱哭；

男孩爱和小伙伴聚集在一起，争当"头头儿"，女孩更喜欢独处；

……

而在这些差异背后，有着更深层次的原因。

研究人员发现，男孩和女孩的差别表现在以下三个方面：

Y 染色体

人体的每个细胞内都有 23 对染色体，也就是 46 条染色体，包括 22 对常染色体和 1 对性染色体。男孩与女孩的常染色体是一样的，但是性染色体却不一样，男孩的性染色体由 X 和 Y 组成，而女孩是 X 和 X 组成。Y 染色体是男孩独有的。

大量科学研究表明：Y 染色体上面包含了增加身高的生长基因，所以，通常男孩比女孩要高。

Y 染色体在长达约 3 亿年的进化中一直在变小，所含基因也在逐渐减少。从这个角度看，男孩比较容易受到伤害，看似勇敢坚强，实则非常脆弱。因而，男孩特别需要关爱。

Y 染色体的存在使得男孩比女孩少一条 X 染色体，而能够保证免疫系统正常发挥作用的基因全部是 X 染色体，所以男孩的免疫力就弱一些，患病概率高一些。

睾丸素

男孩体内有一种激素叫睾丸素，睾丸素的存在，不仅使男孩的男性特征开始显现，发育睾丸和阴茎等，而且会使男孩精力旺盛，富有冒险和竞争精神，更加好动、容易与人发生冲突、制造麻烦。

睾丸素含量的高低和遗传有关，通常含量高的男孩会具有很强的领导力，或者成为大家眼中叛逆的坏学生。所以，父母要善于引导孩子，让孩子把过剩的精力投入有意义的事情上，使孩子茁壮成长；如果父母忽视这一点，不懂管教，或没有耐心，那么孩子可能会用胡作非为、到处惹事来释放自己的精力，满足自尊。

另外，男孩所处的家庭环境、学校环境如果充满暴力和压制，他体内的睾丸素含量会迅速上升，而如果生活的环境趋于平和，他的睾丸素的含量就会大幅下降。所以环境也会对男孩的睾丸素分泌产生影响。

美国沃尔特里的军事研究所将一群猴子关在实验室里进行实验，以了解它们的社会结构。

研究员发现雄性猴子之间存在着森严的等级制度，它们通过战斗决定地位，明确知道谁是团体的老大、老二；而雌性猴子之间的等级关系则比较松散，仅仅是谁替谁梳理毛发的关系。

研究人员为猴群中级别最低的雄猴子注射睾丸素后把它放回去。这只猴子一回去便开始挑衅自己的顶头上司，它成功了。20分钟后，它一路过关斩将，直奔老大，一阵厮打之后，老大落荒而逃。

其实这只猴子矮小瘦弱，仅仅是因为体内过高的睾丸素短期内成为了头领。可悲的是，药物作用消失后，它便成了众矢之的，又被赶回到猴群的最底层。

所以，睾丸素的力量往往超乎父母的想象。

大脑结构的区别

当胎儿还在妈妈身体中孕育时，男女胎儿在大脑结构上的差别就已形成了。

人类的大脑由左右两个半球组成，这两个半球各司其职。诺贝尔奖得主、美国神经生理学家斯佩里通过实验证明：左脑具有语言、概念、数字、分析、逻辑推理等功能；右脑具有音乐、绘画、想象、综合等功能。

男孩和女孩大脑结构的第一个差别是女孩体内的雌激素会促进大脑的发育，所以男孩比女孩大脑发育缓慢，特别是年幼时，他无法完成精细动作。

第二个差别是男孩大脑的左右半球之间的联系少于女孩，特别是语言区和感官区。

所以，绝大多数男孩都更擅长数学、喜欢拆卸，而在制作手工艺品、画画和语言表达方面却不如女孩。但是每个男孩都是不同的，这种差异落实到个体上，有些会变得非常细微，父母无需过多焦虑。而且，后天的练习可以帮助男孩的大脑建立更多的联系，这和父母的引导和监督息息相关。

男孩真的应该"放养"吗

小浩是家里的独子，爸爸妈妈都对他宠爱有加，特别是爸爸，看了很多育儿书籍，了解到男孩和女孩的养育方法是不同的。女孩子乖巧，在语言方面有先天优势，但是精力容易分散，在逻辑方面不如男孩，所以随着年龄的增长，会有成绩下滑的现象；而男孩子精力旺盛、好动、顽皮，但逻辑思维好、动手能力强，懂事以后，潜力会慢慢激发出来，变得"认学"，反而容易"后来者居上"。

所以，小浩虽然顽皮，但爸爸妈妈对他听之任之。爸爸是"放养"的态度：小孩子嘛，爱玩是天性，先过个快乐的童年，只要脑子聪明，等长大些再抓紧学习也来得及；妈妈是"溺爱"的心态：孩子是她的掌上明珠，舍不得打，舍不得骂。

上幼儿园时，小浩经常玩到晚上10点多才睡觉，睡得晚，早上就起不来，到了8点钟要去上课了还在睡。妈妈想：只是幼儿园而已，一天不去有什么关系，但是睡不够会影响孩子大脑发育的呀。于是幼儿园作为可去可不去的场所，对小浩的成长似乎没起太大的作用。

到了小学，小浩依旧贪玩，虽说可以按时上学，却不爱做作业，放了学，不是看电视就是玩游戏。开家长会时，老师说："小浩虽然聪明，但是习惯不好，也不肯把聪明劲儿用在学习上，家长应该注意引导。"爸爸听了颇不以为然，男孩子就是懂事得晚啊，等上初中自然就好了。

结果，上了初中，小浩学习费力了，渐渐地开始自暴自弃，成天跟一些小混混在一起，拉帮结伙、打架、玩游戏……

爸爸妈妈下决定要好好管一管，可是小浩已经到了叛逆期，油盐不进，甚至扬言要离家出走。

爸爸妈妈这才发现，他们所谓的"放养"，害了可爱的儿子。

其实，每个孩子来到这个世界上，就像一棵幼小的树苗，父母不仅要浇水、施肥，还要及时修剪，否则，小树可能会长歪，也可能会疯长。

反观小浩的爸爸妈妈，其实在幼儿园时期，就应该培养起孩子的规律感——规律的作息、认真听讲的习惯、看书学习的爱好、基本社交技能等，而不是一味地放纵。

小浩的很多问题，在小学阶段已经初露端倪，但没有引起爸爸妈妈的重视，以致到了初中，树已长歪，想管也不好管了。

同样是教育儿子，小明的爸爸妈妈则高明多了。他们在得知男孩和女孩生长发育的区别后，决定从小加强孩子语言能力方面的培养。

小明出生后，只要是醒着，妈妈就会跟他说说话，有时候给他唱唱简单的儿歌，有时候讲个小故事，等他再大一点，就给他看彩色卡片、布书和绘本。

爸爸经常带着小明各种"玩"，有时把他高举过头顶，有时领着他玩泥巴，有时和他进行"摔跤"比赛……

总之，爸爸妈妈想尽一切办法提高孩子的智力，小明进入幼儿园后，爸爸妈妈为了让他养成早睡早起的好习惯，减少了晚上外出活动的时间，8点多就开始准备洗漱，然后是睡前故事时间。渐渐地，小明养成了习惯。

小明在幼儿园里表现突出，老师提问时能踊跃回答，班里的讲故事比赛和学期考核都取得优异的成绩，这让小明更加自信了。

上小学后，小明热爱学习，成绩一直不错，但在三年级的一次数学测评中却排名垫底了。小明告诉妈妈，他讨厌数学，天生不是学数学的料子。妈妈看着打着"67分"的试卷，并没有发火，她仔细分析了试卷，发现试卷中有一类应用题占了很大的比重，而小明恰恰没有学会这类题目，这是他丢分的最大原因。

于是，妈妈心平气和地给小明讲解试卷，并自己模拟出了一些应用题给小明练手。在妈妈的帮助下，小明认真总结经验，迅速地掌握了那类题目的解答技能。他发现，原来自己并不是缺少天分，只要用心学习，善于分析总结，其实数学没有那么难。他很快从沮丧的情绪里走了出来。

负责任的父母，绝不会当"甩手掌柜"，盲目放养孩子。让孩子按时作息，能让他学会自律；多让孩子参与劳动，可以培养他自立；允许孩子适度玩耍，让他懂得把握"度"。

在孩子骄傲时，引领他清醒；在孩子沮丧时，给予他鼓励；专注于解决问题，而不是惩罚；致力于孩子成长，而不是代劳；和孩子沟通，而非强制；参与引导，但不强迫。

不仅如此，作为家长，我们还应该给男孩提供良好的家庭环境：父母相爱，让他懂得爱；父母以身作则，让他学会做人；父母好学，让他热爱阅读。

或许您会说，这样当父母真累啊！但是，天底下，又有哪个父母是轻松的呢？所谓育儿先育己，养育，是一场修行，也是一种长期的责任和义务。

抓住最佳养育时机，为男孩一生奠基

1964 年，导演迈克尔·艾普泰德为英国 BBC 电视台拍摄纪录片《7UP》，追踪拍摄 14 个 7 岁的孩子的生活，从 7 岁开始，到 56 岁，每隔 7 年拍一次，记录 14 个不同命运的起承转合。

导演说，之所以把周期定在 7 年，灵感来自耶稣会的格言："把孩子交给我，只要 7 年，我就能还给你一个男人。"

在这部纪录片中，我们几乎可以见到这 14 个人一生的轨迹。而这些人的人生无不证实了导演最初的推测，7 岁之前的家庭影响对人的一生来说，是难以磨灭的。

意大利教育家蒙台梭利提出的幼儿发育的 31 个敏感期，也几乎都是在 7 岁之内：

1. 光感的敏感期（0 ~ 3 个月），对明暗相间的地方感兴趣。有个叫托蒂的意大利小男孩，因为出生时眼睛被感染，绑了两个星期的绷带，无法通过眼睛接受光感刺激，导致相关大脑神经组织衰退，这只从生理上看完全正常的眼睛，却失明了。

2. 味觉发育的敏感期（4 ～ 7 个月），品尝味道，很多孩子在喝过糖水后就会拒绝再喝白开水，他们更喜欢甜的味道。

3. 口腔的敏感期（4 ～ 12 个月），用口感觉事物、练习使用牙齿、舌头。这一时期，父母会发现，孩子喜欢把东西往嘴里塞，最初是吸吮手指，然后是玩具或者积木，只要他能拿得动的，都想塞到嘴里去。很多父母担心不卫生，会进行制止，强行从孩子嘴里拿出来。这样会导致孩子的口腔敏感期推迟，孩子会表现出爱抢别人食物、随意拿别人东西、捡地上的食物吃、咬人等不良行为。为了顺利帮助孩子度过这一敏感期，父母应当留意孩子，经常洗手、剪指甲，给孩子提供可以咬、尝的东西，比如软硬度不同的食物、干净的不同质地的物品，以满足他用口认识事物的需求。

4. 手臂发育的敏感期（6 ～ 12 个月），喜欢抓东西，用手探索世界。这个时期的孩子喜欢用手反复抓捏黏稠和软的东西，比如面条、橘子、香蕉等，并放进嘴里品尝，这是一种智能活动，很多成人手很笨拙，不会拴绳索、不会点钞、夹围棋子，这都和童年手臂发育受阻有关。

5. 大肌肉发育的敏感期（1 ～ 2 岁）、小肌肉（1.5 ～ 3 岁）。以走路举例，孩子会经历从最初需要大人拉着手，到独立行走，到上下爬坡，到专门爱走不平的地方。在攀爬楼梯时，孩子会先用手判断上下楼梯之间的空间距离，然后才慢慢学着用脚来判断，父母往往担心这样会把手弄脏，阻止孩子，就会令这一敏感期滞后出现。

6. 对细微事物感兴趣的敏感期（1.5 ～ 2 岁），对细小的食物感兴趣，如瓜子壳、小石头、小钉子、小米粒等，都要捡起来研究一番或是紧攥在手里，这是孩子在发展他们的手部肌肉和手眼协调能力，为以后精细动作打下基础。

蒙台梭利说："儿童对细小事物的观察和喜爱，是对已无暇顾及环境的成人的一种弥补。"

7. 语言第一敏感期（1.5 ～ 2.5 岁），儿童开始将自己的认知感觉同语言配对，建立概念。只要是他感兴趣的东西，会一直反复进行，以满足他的心理渴求。比如他喊"妈妈"，妈妈回答"哎"，他发现一个词语和一个外物能够配对，就会不停地重复，在一叫一答中享受语言带来的乐趣。

8. 自我意识的敏感期（1.5 ~ 6 岁），表现为咬人、打人、说"不""这是我的"等。儿童出生时，在他的意识里与万物是浑然一体的，儿童的成长是自我分离和发现自我的过程。瑞士儿童心理学家让·皮亚杰通过观察发现，0 ~ 6 岁的儿童是以自我为中心的，如果没有这样的激情和全部的投入，婴儿就永远无法形成自我，最后也无法走出自我，也就丧失了"我"与他人、与社会分离的机会和界限。父母要懂得尊重孩子，例如不经孩子同意，绝不将他的玩具随意送人；别人不能随意触摸、拥抱、亲吻孩子等，要考虑孩子的自身感受。

9. 社会规范敏感期（2.5 ~ 4 岁），急切地保护一个规范的、有秩序的环境。什么事情都要按照程序办，否则就会哭闹。外在的有序可以使孩子形成内在的秩序，秩序成习惯，习惯成自然，自然成品格，这一切来自童年，是童年造就了一个人基本的品格和素质。

10. 空间敏感期（0 ~ 6 岁），探索空间，爬、抓、扔东西、爬高、旋转等。在这一敏感期里，孩子首先发现这一物体和另一物体是分离的，所以他喜欢把一些东西从高处扔到地上，然后寻找，拿回去，再扔，这是孩子最早对空间的感受。这一感受过去之后，孩子会发现，一个空间里的东西能抖出来，外边的东西能够塞进去，紧接着孩子开始垒高、推倒、钻衣柜、爬高处、从高处往下跳。跳的高度，取决于孩子心理上对高度的承受能力，所以，对空间的把握，为孩子未来发展打下了非常重要的基础。父母可以在近处保护他，但不要唠叨和过于限制，不要在孩子刚有点不平衡时就上前帮忙，父母要懂得保护和给予孩子探索世界的机会。

11. 审美敏感期（2 ~ 4 岁），要求食物或用具完美。比如物品要完整，不能缺角，厕所要干净，苹果要又红又大，有斑点都不行，这是孩子在成长中发现的秘密：完整的东西才是完美的，完整的苹果才叫苹果，完整的饼才是饼。孩子首先将注意力集中在他使用的物品上，然后集中到自己身上，希望自己能够帅气好看，这个物化的过程，最终内化为孩子的审美文化。

12. 逻辑思维敏感期（3～5岁），不断地追问"为什么"，打破砂锅问到底，每一个"为什么"都引导一种因果关系，父母要作正确、简洁的回答，如果答不出来，可以带领孩子看《百科全书》等书，为孩子树立好的榜样，提供解决问题的良好途径。

13. 剪、贴、涂等动手敏感期（3～4岁），真正开始有意识地使用工具。从开始使用手，到学会剪各种不同难度的图案，到用胶带粘贴，不仅使动手能力得到发展，而且能够通过手工制作培养孩子专注的品质。

14. 藏、占有敏感期（3～4岁），开始强烈感觉占有、支配自己所属物品的快乐，物品交换从此开始，拉开人际关系的序幕。孩子从占有"我的物品"开始感受每一个具体的"我的"，而后升华为无形的自我。孩子会把见到的叶子、树枝、自己吃不完的食物都带回家。为了维护自己的物品，会有打人、推人的行为。**对于5岁之前的孩子，父母不要强迫孩子分享，孩子处于占有的敏感期，强迫孩子分享会导致孩子无法将"我"和"他人"区分，造成对分享的恐惧感。**等过了占有的敏感期，孩子的心理发展到了更高的层面，自然就会乐于分享。

15. 执拗敏感期（3～4岁），秩序敏感期后，孩子形成了一种秩序的内在模式，一旦大人破坏了这一秩序，孩子就会哭闹、焦虑。比如听到敲门声必须由他亲自开门，如果大人开了，他会要求把门关上，重新开一次；看电视时不能被打断；必须由他自己来剥鸡蛋皮；等等。

16. 追求完美敏感期（3.5～4.5岁）。这一时期的孩子做事情要求完美，端水杯一滴都不能洒、衣服不能少一个扣子、香蕉皮必须被扔进垃圾桶，没有垃圾桶就得拿着。

17. 诅咒的敏感期（3～5岁），这一时期孩子发现语言是有力量的，而最能体现力量的话语是诅咒。大人反应越强烈，孩子越喜欢说诅咒的话。大人怕孩子说诅咒的话、脏话成为习惯，常常喜欢制止孩子。其实在这一阶段，最好的应对办法是"充耳不闻"，孩子看不到大人强烈的反应，就会觉得没意思，就不会说了。

18. 打听出生敏感期（4～5岁），开始询问自己从何处来，这是孩子安全感最早的来源。父母可以借助一些相关的绘本故事，用他能够理解的话语，正确简单地解答孩子的疑问。

19. 人际关系敏感期（4.5～6岁），一对一地交换食物和玩具。别人的东西不可以拿，要征得别人的同意，每个人都对自己的物品拥有支配权。父母帮助孩子建立起这个原则，孩子也就更乐意与伙伴分享玩具。这一时期的孩子会分享食物或者玩具建构最早的人际关系，通过自由选择伙伴、拥有共同的话题（喜欢某个动画片、模仿某个英雄人物）来结成伙伴，父母和老师给孩子的空间越是自由、充满爱，孩子就越是愿意和他人交往和合作。

20. 婚姻敏感期（4～5岁），人际关系敏感期度过后才真正展开，男孩要求和妈妈结婚，之后会"爱上"一个小伙伴。这一时期，表明男孩开始对性别、对自我、对女孩有了初步的感觉，父母不用大惊小怪，孩子在这一时期会逐渐意识到：我很好，所以她喜欢我；她不喜欢我，也不是因为我不好，而是因为她和别人更合适。渐渐地，他会懂得婚姻关系的本质是相爱，如果不爱，可以重新选择。男孩顺利度过婚姻敏感期，会为将来成人后的婚姻奠定良好的基础。

21. 审美敏感期（5～7岁），对自我和环境有审美需求，从对吃的东西要求完美、完整，到用的东西，到穿的东西，再到环境、气质、品质等各个方面。

22. 身份确认敏感期（4～5岁），开始崇拜某一偶像，积累未来成人时的人格特征。男孩都有个超人梦，他会幻想自己全副武装，拥有各种神奇的力量和特质，在角色扮演中，孩子内化偶像背后的人格特征，他以这种方式和偶像交流，是自我创造的重要部分。

23. 性别敏感期（4 ～ 5 岁），对性别和自身的认识来自观察，如同认识自己的口、眼、鼻一样。男孩子开始客观地认知自己的身体，知道男女的不同、男人不能生孩子等，这种认知过后，男孩开始抵触女性化的装扮，兴趣转向社会性的活动。

24. 数学概念敏感期（4.5 ～ 7 岁），对数字、数名、数量产生兴趣。

25. 认字敏感期（5 ～ 7 岁），自 5 岁开始，孩子在文字、符号、拼音、逻辑、涂色、阅读等方面进入了一个迅速发展的敏感期，像语言敏感期一样，孩子对字和物的配对产生兴趣，父母要尊重孩子的成长规律，不要过早地教孩子认字。

26. 绘画和音乐敏感期（4 ～ 7 岁），儿童生来具有绘画和音乐品质。孩子开始选择自己喜欢听的歌，跟音乐亲近，或是从早到晚忙着画画。这一时期到来时，父母会发现孩子的热情和毅力是惊人的，父母要加以保护，为孩子提供良好的音乐和画画环境。

27. 延续婚姻敏感期（5 ～ 6 岁），5 岁以后选择伙伴的倾向性非常明显，孩子会在家里或者学校里明确地说"我要和谁结婚、怎样举行婚礼、婚后怎样生活"等，这个过程其实是在应用中理解结婚概念。他会经历自己喜欢的小女生又喜欢上了别人，经历痛苦、理解和成长，为青春期的到来打下基础。

28. 社会性兴趣发展的敏感期（6 ～ 7 岁），开始积极了解自己和他人的权利，喜欢共同遵守和建立规则，具有合作的意识。

29. 数学逻辑的敏感期（6 ～ 7 岁），对数的序列、概念和概念之间的关系产生兴趣，开始能够推理。

30. 动植物、科学实验、收集敏感期（5 ～ 7 岁），孩子对自然界的认识达到了一个很深的程度，父母要尽可能地为孩子提供在生活中学习的机会，带领孩子亲近大自然。

英国生物学家达尔文小时候非常喜欢在树林里玩耍，每天去树林里观察植物，和小动物玩耍，就在这玩耍中，他认识了自然界，为他以后的发展奠定了基础。

31. 文化敏感期（6～9岁），这一时期，孩子表现出探索事物的强烈愿望，对不同国籍、不同文化风俗民情等表现好奇，父母可以给孩子提供丰富的文化信息，以本土文化为基础，延伸至世界各地风土人情、历史、地理等。带领孩子认识差异，培养关怀世界的胸怀。

敏感期，是指儿童在0～6岁的成长过程中，受内在生命力的驱使，在某个时间段，不断重复实践，习得某项能力或者发展某种心智。因为每个孩子的特质不同，敏感期的出现会有一些时间的差别。每当顺利度过一个敏感期，儿童的心智水平就上升到一个更高的层面。

研究表明，敏感期得到充分发展的孩子，能够拥有更好的安全感、学习力、思考力、对他人情绪的感知力，能深入理解事物的特性和本质。在相应的敏感期对孩子进行引导教育会有事半功倍的效果，而如果时机不对，就是枉费力气。

印度有个8岁的狼孩，虽有人的遗传基因，但因受多年野外生活的影响，使得他失去人的本性，虽从狼窝中救出，回到人间，派人对其进行了10多年专门训练，也仅仅学会了站立、行走和用勺吃饭以及使用简短的话语。

还有一个受虐儿童的案例。伊莎贝尔被父母关到6岁时被解救，但是因为6岁仍在关键敏感期之内，在一年之内，不但学会了语言，还进入正常小学去读书。

这两个案例可以间接说明如果错过了生长发育的敏感期，造成的是后半生无法弥补的损失。作为父母，我们要学习科学的育儿知识，明白在孩子的各个敏感期应该怎样关心、引导他们，帮助他们顺利度过，朝气蓬勃地成长！

第二章

男孩的成长阶段

根据发展心理学理论，我们将男孩的成长阶段分为四部分：
婴儿和学步期（0 ~ 2 岁）、儿童早期（2 ~ 6 岁）、儿童中期
（6 ~ 11 岁）、青春期。

婴儿和学步期（0～2岁）：生命的头两年

婴儿出生后最初两年的身体发育，比出生后任何时期都快，是不同寻常的两年，也是快速发展的两年。

身体发育

在头两年的时间里，婴儿生长非常迅速，到 4～6 个月时，体重已经比出生时翻了 1 倍；到 1 岁时，体重是出生时的 3 倍（9.5～10 公斤）；到 2 岁时，体重是出生时的 4 倍（12～13.5 公斤）。

婴儿期的生长速度是非常不平均的。一项研究发现，婴儿可能数天乃至数星期保持同样的身高，然后在某一天突然长高 1 厘米多。到 2 岁时，男孩已经长高到其最终身高的一半。

婴儿期男孩通常比女孩更高、更重一些，在儿童发育的早期和中期，这种小的性别差异一直存在，并且将在青春期大大增加。

大脑发育

在生命早期，大脑以一种惊人的速度生长，婴儿出生时，大脑占成人脑重的25%，到 2 岁时，大脑重量达到成人脑重的 75%。

婴儿大脑具有高度可塑性，即神经细胞对环境的影响非常敏感，大脑处于发育之中，它超额产生大量的神经元和神经突触，以接收人类可能经历到的任何种类的感觉和动作刺激。所以很多年幼时在充满爱、体验丰富的家庭中长大的男孩在学校的表现相当不错，刺激丰富的家庭环境不仅有利于男孩获得好成绩，也会促进他们的内部成就取向一种寻求和征服挑战的意志，以满足个人对能力和控制感的需求。

而那些很少接受刺激的神经元很快失去它们的突触，即突触剪除。总共有40% 的突触在儿童期和青春期被剪除，最终达到成年水平。

一项研究表明，在黑暗环境中被养至 16 个月大的黑猩猩，它的视网膜和组成视神经的神经元发生了萎缩。如果这种视觉剥夺时间不超过 7 个月，这种萎缩是可以逆转的，但是如果视觉剥夺超过 1 年，这种萎缩将不可逆转，并容易导致全盲，体现了"用进废退"的原则。

这就解释了为什么很多聪慧的少年大学生却需要妈妈陪读。因为在他们很小的时候，父母的培养方向集中在认字和读书上，忽略了动手操作的技能。

还有很多已经参加工作的成年男子因为动手能力不足而出现麻烦，比如办公桌不会收拾、文件乱丢乱放、不注意个人卫生、眼里看不到活儿等。这些琐事会给领导留下不好的印象，影响职场晋升。

自我意识

婴儿期的宝宝就具备的自我意识，是从慢慢的交往中逐渐比较出来的，能对比出妈妈的声音与自己的不同，看到镜子中的妈妈，能够明确地把自己和母亲区分开，能听懂自己的名字后对自我更加明确，宝宝开始注意到自己与别人不同后会喜欢别人的称赞，不愿意受到批评。

认知发展

认知是心理学家常用的术语，指人类的认识活动及获得并运用知识解决问题的心理过程。认知过程有助于人们理解和适应周围环境，这些认知过程主要包括注意、知觉、学习、思维和记忆。

让·皮亚杰是迄今为止在儿童心理发展研究史上最具影响力的理论家。他把认知的发展划分为四个阶段：感知运动阶段（0~2岁）、前运算阶段（2~7岁）、具体运算阶段（7~11岁）、形式运算阶段（11岁之后）。这些智力发展阶段代表了不同的认知功能和形式的水平，皮亚杰称之为"恒常发展顺序"。

婴儿在生命的头两年处于感知运动阶段，可分为以下六个阶段。

▌第一个阶段（0~1个月）▐

重复偶然行为。新生儿反射是感知运动智力的组成元素，婴儿吸吮、抓握和观看的方式非常接近。

▌第二个阶段（1~4个月）▐

他们通过重复主要由基本需要驱动的偶然行为，通过基本的循环反应获得对行动的自主控制。这引起一些行为习惯，比如吮吸拳头或者拇指，这一阶段的婴儿开始根据环境需要改变他们的行为，婴儿开始预见事件，比如饥饿大哭时，妈妈走进房间，他就会立即停止呼喊，因为他知道，喂食时间很快就来。

第三个阶段（4～8个月）

婴儿能坐起来了，变得对抓取和操作物体非常熟练，这些动作成就对将他们的注意力转向外部环境起关键作用。例如4个月的婴儿偶然碰到了一个挂在他面前的玩具，引起摇摆，在接下来的3天里，他会一直重复这个活动。他开始想要模仿大人的行为，比如拍手，但是他还不能灵活迅速地掌控自己的双手。

第四个阶段（8～12个月）

婴儿开始进行有意识的、目标指引的行为。比如找到藏在大人手心里的玩具等。

第五个阶段（12～18个月）

学步儿对行为加以改变后再重复，引起新的效果。比如转动和扭曲一个形状物直到它通过容器的孔，或者使用棍棒来获得手拿不到的玩具、堆积木、用笔在纸上涂画。

第六个阶段（18～24个月）

孩子成为更有效的思考者，开始在头脑中进行动作实验而不是通过尝试试错。大约18个月，孩子开始玩假扮的游戏，扮演日常或者想象的互动，这个游戏非常简单但是对男孩早期的心理发展非常重要。

情感发育

6个月大的婴儿已经开始通过离开或是不断吸吮的方式减少某些不愉快的冲动。6个月大的男孩比女孩更难以调节不愉快的冲动，更有可能在寻求看护者的安抚时表现出烦躁不安或者哭闹。

快1岁时，婴儿开始使用一些其他的策略来减少不愉快的冲动，如摇晃身体、用嘴咬东西和避开令他们不愉快的人或者事物。

18 ～ 24 个月大的时候，婴儿开始有意识地控制那些让他们感到不舒服的人和物。他们开始通过与同伴说话、玩玩具或者远离让他们不愉快的事物的方式，应对必须等待才能吃东西或者等很久才能得到礼物这样的挫折。**母亲在与孩子相处时表现得愉快、好奇、惊讶，这为婴儿提供了积极表达情绪的榜样。**通过这样的学习过程，婴儿会有更多的笑脸，较少流露不愉快的表情，以后他们也会如此。

研究发现，如果父母在情感体验上能够与男孩子有更多交流，那么男孩对他人情绪的辨认和理解能力就会有很大的进步。他们长大后能更好地解决与朋友的争执，并主动去帮助和安慰那些情绪低落的伙伴。

依恋

6个月～ 2.5 岁，是依恋期，主要依恋母亲和经常照料自己的人。
依恋分为四种类型：

安全型依恋

有母亲在时，这类婴儿会独自探索，母亲的离开会引起明显的不安。但是母亲返回时，他们有温暖的回应。母亲在场时，他们对陌生人随和大方。

抗拒型依恋

非安全型依恋。这类婴儿紧紧靠在母亲身边，很少有探索行为。当母亲离开时，他们会相当压抑，当母亲返回时，他们的表现很矛盾：他们会接近母亲，但是看上去对母亲的离去还在生气，他们甚至抗拒母亲主动的身体接触。抗拒型婴儿会对陌生人保持相当的戒备，甚至母亲在场时也是如此。

| 回避型依恋 |

非安全型依恋。当婴儿和母亲分离时，很少表现出压抑，甚至当母亲主动引起他们的注意时，他们依然表现得很冷漠。回避型婴儿对陌生人相当友善，但有时会像忽视自己母亲那样回避和忽略这些陌生人。

| 组织混乱型依恋 |

这种类型是最不安全的依恋。它是抗拒型依恋和回避型依恋的混合模式，当母亲回来时，婴儿看起来不知所措，或者会在接近母亲的途中突然跑掉。他们也有可能在不同的场景中同时表现出这两种模式。

研究表明，依恋关系就如同婴儿同主要养护人之间形成的内部工作模式，即对自我和他人的一种认知表征。敏感、反应及时的照顾会使婴儿认为人们是可以依靠的（对他人的积极工作模式），而不敏感、忽视或者虐待的看护方式将导致安全感和信任感缺失（对他人消极的工作模式）。

婴儿还会发展出一种针对自我的工作模式。建构起积极的自我和看护者工作模式的男孩能够：形成安全型的基本依恋；对将要面对的挑战充满自信；更可能和朋友或未来的伴侣建立起安全的相互信赖的关系。

管教方法

1岁半到2岁半的男孩开始有了自我的意识，但他们不懂得表达，甚至他们自己也不甚明白自己的意图，孩子会反复地穿梭于"和顺期"与"执拗期"之间，他们常常"不"字当头，一意孤行，自私霸道。

所以，对待他们，管教技巧主要以疏导、绕道为主。安全第一，把不许孩子玩、不许孩子碰的东西藏好，并摸索孩子的生活规律，在孩子陷入可能导致坏情绪的陷阱之前，采取恰当措施，比如让孩子吃饱、睡足觉再带到其他地方玩等。

很多妈妈认为男孩子"皮"，但其实，这些"皮"的行为是孩子探索、学习的求知行为。比如，你教孩子搭积木，他却一次次地推倒，你认为孩子故意捣乱，其实，他正对玩具的倒塌感兴趣，他在琢磨推与倒之间的关系。

儿童早期（2～6岁）：游戏年龄

2～6岁的年龄经常被称为"游戏年龄"。因为这一时期孩子参与的各种游戏，促进了每个方面的发展。

身体发育

在前两年，幼儿的身体发育非常迅速，但是到了儿童早期，发展速度逐渐慢了下来。

从两岁到青春期，男孩的身高每年大约增加7厘米，体重增加2.5～3公斤。男孩个头依然要比女孩显得稍高一些。同时，在学步期就慢慢减弱的"婴儿肥"现象继续削减。尽管男孩开始有些肌肉，但是总的来说，他的身体逐渐变得比较瘦。由于身体增高和变宽了，内部器官可以非常整齐地缩在体内，脊椎骨伸得也更直了，大肚子学步儿开始变成了身体细长、肚子平平的长腿儿。

大脑发育

2 ~ 6 岁，孩子大脑重量增长到了成人大脑的 70% ~ 90%，同时，男孩学会了大量的技能——身体协调能力、知觉能力、注意力、记忆力、语言能力、逻辑思维能力和想象能力。

除了重量的增加，大脑经历了非常多的重塑和改造。研究表明，3 ~ 6 岁，额叶区域发展非常迅速，这部分区域主要负责注意、计划并组织行为。对大部分男孩来说，3 ~ 6 岁期间左脑尤为活跃，之后活跃水平下降。相反，整个儿童早期与中期，右脑一直保持稳定增长的趋势。

在儿童早期，语言技能（主要由左脑掌管）以非常惊人的速度不断发展，这使得男孩能够通过大脑额叶的调节来更好地控制他们的行为。相反，空间能力（主要由右脑掌管），如从一个地点到另外一个地点的能力、绘画能力以及识别几何图形的能力，是在儿童期和青春期逐渐发展起来的。

大小便训练

父母对于孩子大小便控制的焦虑，超过其他任何方面的早期肌肉发展。两三代以前，许多妈妈很早就开始训练孩子大小便，而研究表明，大小便训练最好推迟到 2 岁末或者 3 岁初。直到那时，男孩才能一致地识别来自充满的膀胱或者直肠的信号，并且等待到达正确的地点才能开始方便。那些直到男孩两三岁才开始训练的父母可以在 4 个月内完全训练。较早的开始，并不会产生更可靠的训练效果，且花费的时间更长。

儿童睡眠

睡眠有利于身体成长，因为在儿童睡眠期间，会释放生长激素。睡眠良好的男孩会更好地玩耍、学习，并且表现得更积极。睡眠质量差的男孩给父母带来明显的压力。一般来说，2～3岁的男孩睡眠时间是12～13个小时，4～6岁的男孩是10～11个小时。学前期的男孩一般会午睡1～2个小时，还有些男孩白天完全不睡。

大部分男孩在夜里会不时地醒来，那些不能自己想办法继续入睡的男孩就会产生睡眠障碍。因为幼儿有丰富的想象力，很难区分幻想与现实，所以他们经常做噩梦；3～6岁的男孩约有一半会做噩梦。约有4%的男孩会梦游，他们会在晚上无意识地游荡，轻轻地唤醒或者把他们移到床上来可以避免他们伤到自己。约3%的幼儿有夜惊，从深睡状态中惊醒，男孩可能会尖叫、拍打、说梦话、呼吸加速，父母去安抚时，男孩也不会有任何反应。梦游和夜惊通常有家族史，或是由压力和极端疲劳造成的。

父母要帮助男孩建立规律的作息，睡前禁止他们看电视或者玩手机。如果男孩拒绝上床，要和蔼但坚定地带他去睡觉。

营养

随着向儿童早期的发展，男孩的胃口也变得没有规律。学前男孩常常这顿吃得很好，下顿却连粥都不喝，很多男孩都有挑食现象。食欲下降是正常的，主要因为男孩的成长减缓了，父母无须担心男孩每餐吃多吃少的变化，在一整天中，男孩在这餐吃得少，会在下一餐中补回来。

要为男孩提供多样的、健康的饮食，要颜色好看，能够吸引男孩，尽量在一餐或者连续的几餐饭中给男孩提供一些新的事物。为了避免浪费，可以将男孩的食物分成几份，吃完一份，再吃第二份。注意不要特地提出禁止男孩吃某样食物，比如薯条、火腿等，这反而会提高他们对某种食物的期望，促使他们更愿意吃它。

粗大动作发展

随着男孩长高，不再头重脚轻，重心下移至躯干，由此平衡性大大提高，促进了新的动作技能的发展。例如到 2 岁时，男孩的步伐变得更加平稳、有节奏，不久他们就可以双脚离开地面，起初是跑，而后跳、蹦。2 ~ 3 岁的男孩玩抓球游戏时，会静静地站在那里，直盯着目标，然后用胳膊使劲往前扔。抓的动作是笨拙的，僵硬地伸出胳膊和手。到 3 岁时，他们能够灵活地用胳膊肘挡球，而不是胸膛。到 4 岁时，男孩扔东西时，身体能够旋转，到 5 岁时，男孩会让他们的重心前移，扔球时会移步，这样球就跑得更远了。年龄再大些，男孩会预测球下落的位置，会让身体前移、跑到球的旁边。

尽管进步得很快，但是男孩往往高估了自己的运动能力，一些胆大或性格外向的男孩可能因此受到意外事件的伤害，造成撞伤、烧伤、被刀割伤、擦伤和一些其他的身体伤害。

同时，男孩的手眼协调水平和对小肌肉的控制能力也在迅速提高，这使得他们可以用手做更为复杂的动作。他们开始尝试系纽扣、系鞋带、临摹简单的图案，甚至用剪刀剪出一条直线，或用蜡笔书写字母和数字。

精细动作发展

与粗大动作发展相似，精细动作技能在学前期也有一个大的飞跃。因为对手和手指的掌控能力增强，年幼的男孩可以把玩具放在一起，用小积木搭房子、切东西、粘贴和串珠。家长可以看到，精细动作的发展在两个方面最为明显：

男孩对自身的照料

2 岁的男孩可以穿上和脱下简单的衣服；3 岁时，男孩可以自己上厕所了；4 ～ 5 岁，男孩可以在没有指导的情况下自己穿脱衣服，吃饭时自己吃饭，熟练使用汤勺和筷子；5 ～ 6 岁，他们能够用小刀切柔软的食物。带着大纽扣的宽大衣服、拉链服以及儿童餐具能够帮助男孩更快地掌握这些技能。

男孩在对自己身体的掌控中获得巨大的成就感，他们骄傲于自己的独立。家长要及时给予鼓励，夸赞他们成了好帮手、男子汉。

各种涂鸦和绘画

如果提供画笔和纸，即使年幼的男孩也会模仿大人乱画一气。但是这阶段的男孩在纸上画的东西开始有了一定的意义。

一般来说，绘画过程经历了以下几个阶段：

1. 涂鸦。男孩在不到 2 岁时常拿着笔在纸上乱画。即便是一个小点，也可能被他说成是小鸭子。

2. 初期的表征形式。3 岁左右，男孩的涂鸦开始变为绘画。这一时期，男孩掌握了拿笔的姿势，意识到自己画的画要让别人看懂，他要决定画的东西代表什么。

3. 更多现实性的绘画。随着认知的发展，他们学会去表达更多的现实意义。3 ～ 7 岁的男孩用一个简单的单元表示物品。比如用正方形代表屋子。在学前期和学龄期，男孩能够表达物体的突出部分，比如用几个正方形代表立方体的几个面，但是部分与部分之间不能正确地连接。年龄稍大的男孩才能够把物体的几个部分整合为一个具有现实意义的整体。

情绪调节

由于学前期男孩可以自如地进行言语交流，可以谈论自己的感受，父母和其他亲密看护者经常会帮助男孩积极应对消极情绪——将他们的注意力令人难受的部分转移开（例如，让一个正在接种疫苗的男孩观察墙上色彩鲜艳的画报），或者帮助他们理解恐惧、挫折和失望等经验。的确，2～6岁的男孩能越来越好地应对自己不愉快的情绪冲动，他们会将注意力从引起恐惧的事物上转移（我怕鲨鱼，闭上眼睛），通过想象美好的事情抑制令人不快的事情（妈妈走了，但是她会回来的，我们还要一起去公园玩），也能够以一种更令人满意的方式重新解释导致他们不愉快的事件，例如，"他（故事里的人物）没真死，只是在装死。"不幸的是，有的男孩处在经常出现消极情绪的家庭环境中，无论这种情绪是否直接针对他们，这些男孩都会常常表现出很多很难调节的消极情绪。

3岁时，男孩开始显示出些许掩饰真实感受的能力，对他人情绪表达的识别和理解都在稳步发展。4～5岁时，男孩可以正确地从身体动作推断一个人是否快乐或悲哀。此外，他们也开始知道一个人当前的情绪状态（往往是消极情绪）可能并不是现在的事情所引起的，很有可能是由于他想到了以前的事情。渐渐地，男孩对社会所认可的表达规则有越来越清楚的认识，更了解哪些情绪应在特定的社会情境中表达，哪些应该抑制。例如，一个3～4岁的男孩拿到自己的礼物时，可能会立即丢弃不合自己心意的礼物（比如一件衣服），而一个6岁的男孩可能会停下来，礼貌地向奶奶说一声"谢谢您"，并想办法隐藏自己的沮丧情绪，而10多岁的男孩可能会表现出一种更为复杂的行为抑制模式——当一件来自奶奶的礼物（如一件款式过时的衣服）不合自己心意时，他们会有礼貌地微笑着；而当一件类似的不合心意的礼物来自母亲时，他们就会皱眉头并表示抗议，因为他们认为母亲应该更了解自己的喜好。

自我评价

3岁前的宝宝主要是听家长评价，3岁后入幼儿园的孩子会更重视老师的评价，但是孩子也会慢慢学会同自己的过去以及其他小朋友比较。在某一项同这些小朋友比，另外几项和另外一些小朋友比，这样就可以比较得更加清晰，更加准确。

4岁后基本上就能完全自己做出较为详细且可靠的评价。

宝宝在家的自我评价主要靠家长对自己的看法和态度。

如果家长经常向别人介绍宝宝的优点，对宝宝最满意的评价，宝宝就会比较自信。一些认为应当谦逊的家庭，在给孩子做介绍是贬多于褒，这样做对孩子不公。一方面会让别人对孩子难有美好印象，另一方面，孩子会把自己看得很低。对自己要求不高，降低自信。所以说话时要注意给宝宝留点自尊。

6岁的宝宝自我意识开始明确，有自己独立的思维和自我意识，不会随大溜，会有自己独特的想法，因此家长和老师要尊重宝宝的想法，只交代任务，如何完成由他自己规划，发挥他的积极性，这样才能培养出独立的有创造性的宝宝。

性别意识

2～3岁，是孩子性别理解能力发展的一个重要时期，要及时对孩子进行性别教育。孩子对性别的理解是一个渐进的过程。两岁半左右，孩子就知道自己是男孩还是女孩，孩子会接受并学习被社会认同的相应的性别的行为，因为孩子主要在家庭中学习，所以家长对孩子性别意识的建立起了至关重要的作用。如果小时候孩子对自己的性别意识混乱，将有碍于孩子日后心理社会性的发展，特别是影响其性心理的正常发展。不正确的性别认识一旦形成，往往很难改变。

家长对孩子的期望往往受社会文化的影响。比如给男孩买玩具枪、足球，给女孩买布娃娃，鼓励她画画。如果是男孩，就希望他勇敢强壮，有男子汉气概；如果是女孩儿，就希望她温柔、细腻、可爱。

其实，只要是积极向上的个性特征，家长就不要拘泥于像男孩像女孩的框框，以便孩子得到更好的发展。

另外家长要注意的是，**穿着打扮对于性别认识有不可忽视的作用**。有的家长喜欢给男孩穿花裙子来装扮成女孩，这种做法不利于男孩正确性别意识的形成，甚至对他一生产生难以磨灭的恶劣影响。

记忆

如何得知男孩对自己记忆的了解程度呢？一种最直接的方式就是去问他们。这种访谈研究的结果表明，即使是 3～4 岁的男孩也知道人的思维是有限制的，而且有些信息比其他信息更容易学习和保存。如学前男孩认识到记忆较多的项目比记忆较少的项自要困难，而且对材料学习的时间越长，保留的内容就可能越多。但是他们通常会高估自己的记忆能力，而且对遗忘也不甚了解，他们会认为自己短时期内能回忆的东西（如电话号码），经过很长段时间以后同样也会回忆起来，而且回忆的难易程度与前面是相同的。

年幼的男孩提取信息的能力很差，如果问孩子"告诉我，今天学校里发生了什么事情"，很难从孩子口中问出什么，所以我们就要利用很多线索来询问。

比如一个 5 岁男孩和姑姑一起去看电影《狮子王》，回来后妈妈问他："下午过得怎么样？"小男孩回答道："好。"妈妈继续给他一个一般性的提示："下午过得很开心，是吗？"小男孩说："是的。"然而，当姑姑提示他"说说救了辛巴的小动物"时，男孩就会提供非常多的细节，告诉妈妈小动物们如何帮助辛巴、如何说话、如何唱歌等细节。男孩知道大量信息，但只有给他们提供具体线索，他们才能将信息提取出来。年幼的男孩在指导下回忆、组织、复述，可以显著提高他们的记忆力。

认知发展

按照皮亚杰的理论，这一时期，男孩的认知从感知运动阶段发展到前运算阶段（2 ～ 7 岁）。变化最大的就是心理表征能力的显著增强。

从有很强的好奇心，凡事都要自己动手操作的婴幼儿，变成了使用符号且具有思维能力的学前期男孩，是了不起的事情。直到 18 个月大的时候，他们才能表现出符号化的迹象，比如把两个或者更多的词语汇成简单的句子。或者是玩假装的游戏，过家家等。他们会把枕头当成小宝宝、把鞋盒当成床。通过这种假扮游戏，年幼的男孩对人、对物体和活动的认知得到了发展，而且还迅速构建了有关这个世界的复杂表征。

注意力

如果你去幼儿园参观，你会发现，教师每隔 15 ～ 20 分钟就会换下一个课堂活动。为什么呢？因为年幼儿童的注意广度很小，特别是男孩，他们不能长时间地把注意力集中在某一个活动上。即使做自己喜欢的事情，如玩玩具和看动画片，2 ～ 3 岁的男孩通常也会四处张望，到处走动，把注意力分散到其他地方，只把很少的注意力放在正在做的事情上，一些年幼的男孩不能长时间保持注意力，因为他们的注意力很容易受到干扰，而且很难抑制与任务无关的思维活动。这些情况要等他们再长大些才能改善。

教养方法

从 3 岁半开始到 4 岁，反抗成了这个时期男孩的最大特征。3 岁半是一个内向、焦虑、缺乏安全感，同时意志力极强的年龄。3 岁半的男孩会出现口吃、摔跤，甚至有时紧张得发抖，一方面他缺乏安全感，另一方面又想支配外在世界，他不断地摸索自己与别人的关系，以及自我这个个体。

许多孩子在这个年龄都有想象的朋友，这些朋友有的是人，有的是物或者动物。恋母情结会在这个时候出现。

长到 4 岁的男孩，发现大人虽然握有大权，但是并非全能，他尝试挑战大人，甚至说出狗屎、大便等脏话，大人装作没有听见，不予回应，慢慢地他就失去说脏话的兴致。从这一阶段开始，男孩也渐渐地明白事情的好或者坏。

男孩到了 5 岁，自然而然地安静了一些，有节制了，喜欢遵守规则，能够不惹麻烦，令人惊喜的是，他已经具有一种神奇的能力，可以判断自己什么做得到，什么做不到。也就是说，他学会自我控制了，他会衡量自己的能力，把做得到的和做不到的事分得很清楚，而且他就只尝试那些他认为一定办得到的，经一次次的成功，他建立了自信。

5 岁半时，男孩的发育会有一个小小的改变，他的手眼协调能力反倒不如从前，他经常把数字或者文字颠倒着写，以此为乐，所以最好不要在这个年纪教他读书写字。

儿童中期（6 ~ 11 岁）：学龄期

儿童中期，这个时间段的孩子被赋予了新的责任，孩子要在学校度过很长时间。这个时期通常被称为学龄期，因为它的开始是以正式上学为标志。到了 6 岁，大脑重量达到成人标准的 95%，身体继续缓慢生长。6 ~ 8 岁时，男孩比女孩稍微高些重些，但是到了 9 岁，该趋势颠倒过来，因为女孩比男孩要提前两年进入青春期阶段。

6 ~ 12 岁，20 颗乳牙全部被恒牙代替，男孩比女孩稍晚一些。

儿童中期和青春期，大脑重量只增加了 10%，但是大脑的某些结构产生了重要的发展。利用功能性核磁共振成像，研究者可以探测出大脑组织的两个基本类型的容量：白质和灰质。前者主要包含了有髓鞘的神经纤维，后者主要包含了神经元和支持物。白质中负责意识、冲动控制、计划的额叶和支持空间能力的顶叶以及在两个皮层半球之间高级交流的胼胝体都保持稳定增长。突触连接中被激活的神经元增加，神经纤维更加精致和髓鞘化，令男孩获得越来越多的复杂能力。受荷尔蒙的影响，肾上腺分泌的雄激素增多，导致男孩活动水平更高，更乐于格斗。

大肌肉动作发展

6 ~ 12 岁的男孩表现出以下四个发展结果：

▎灵活性 ▎

与儿童前期的男孩相比，学龄期男孩身体更加柔韧和富有弹性，可以做更多灵活的动作，比如挥动球拍、踢球、跳跃障碍、翻跟头等。

▎平衡性 ▎

增强的平衡感令男孩在跑、单脚跳、快步跳跃、投掷、踢等很多团队活动中可以进行快速的方向变化。

▎敏捷性 ▎

在跳绳、跳房子的脚步运动中，以及稍大些的男孩在追人游戏和踢足球时为躲避对手而采用的向前、向后、侧向的运动中，快速和准确的运动非常明显。

▎力量 ▎

稍大些的男孩可以用更大的力量将球踢出或者扔出，并且在跑或者跳时使自己更加远离地面。

精细动作的发展

精细动作技巧的获得在男孩的书写和绘画方面表现得尤为明显。到了 6 岁时，多数男孩可以写出字母、自己的姓名等，而且十分清楚。但是他们的字体很大，因为他们使用了整个手臂来写字，而不是手腕和手指。

绘画在组织、细节、深度表达方面也有显著进步。男孩可以准确地复制许多二维形状。男孩开始学会用很多细节来描绘物体，并且将它们相互联系组成一个有组织的整体。

8～9岁时，他们可以使用螺丝刀这样的工具，并且能熟练地玩一些需要手眼协调的游戏，如抓石子游戏。

情绪发展

男孩逐渐开始更多地利用个人、情境以及历史信息去解释情绪，他们在情绪理解方面有几个重要的突破。例如，6～9岁的个体开始懂得人可以同时体验多种情绪，如兴奋和担心，他们也开始学会整合相互矛盾的面部表情、躯体动作以及环境线索。到8岁时，他们能够认识到许多情境因素（如一只大狗向自己走来）会引发不同个体的不同情绪反应，如快乐和害怕。

认知发展

皮亚杰认为，男孩的具体运算阶段在7～11岁，思维比儿童初期的男孩更具有逻辑性。在这一阶段，男孩能够理解算术，并对语言及其特性进行思考，能够对动物、人类、物体和事物进行分类，并且能够理解字母的大小写和拼音，单词和句子之间的关系。所以，我们就会明白，为什么很多国家都是从孩子6～7岁就开始进行正规教育。这个阶段的认知发展具体表现在以下三个方面：

| 守恒 |

4岁的小男孩会坚持认为水从又高又窄的容器里导入又矮又宽的容器后，水的量就变少了。但当他8岁后，问题就变得简单了，他会说："当然是一样的，因为水虽然变矮了，但是它也变宽了。"

分类

7～10 岁之前，男孩对分类变得非常清楚，在同一时间对总类别和两个特定类别之间的关系加以注意，即同时注意两三个关系。这一时期，男孩特别喜欢收藏和分类。比如集邮、集币，收集游戏卡片、石头、瓶盖等。

序列

将事物根据数量维度，如长度或者重量，进行排序的能力称为序列。6～7 岁的男孩可以有顺序地进行排列，从最短开始，依次类推，效率较高。

教养方法

6 岁男孩进入了人生第二叛逆期，个性两极化。他有本事在转瞬间讨厌刚才还满心欢喜的事情。世界的中心不再是妈妈，而是他自己，他希望事事处处按自己的心意来。6 岁男孩同时在很乖和很叛逆两个极端游走，把笔画或字反写是很常见的现象。

他什么事都争强好胜，难以忍受任何失败。所以他现在处于很容易受到伤害的敏感期。他既深深地依赖妈妈，又在心理上尝试不依赖任何人。

6 岁男孩，对"自己的东西"和"别人的东西"的分别还不是很清楚，因此顺手拿走别人的、他喜欢的东西是惯常现象。

到了 7 岁，开始出现道德感的萌芽，他要求自己遵守规则，不能说谎、骗人，不能拿别人的东西，做错事不能抵赖，等等，他开始在意别人的评价，在意老师怎么看待他，他一心想做老师满意的学生。同时，他也注重自己在家庭的地位和价值。他需要有一个自己的空间，喜欢把自己的东西收拾到自己的地盘上。

　　8 岁时，男孩有一个里程碑式的成长，建立起道德是非的观念，开始明白事情的因果关系，非常愿意遵守规矩做个好孩子，他对好、坏的概念，不再拘泥于父母的规则，而是来自他萌芽的因果逻辑。这一时期，他非常喜欢跟妈妈分享他的思考、幻想、对话、游戏。他喜欢和妈妈在一起，甚至"全部占有"妈妈。所以，妈妈无论多么忙，每天都要抽出至少半个小时的时间，满足孩子的心理需求。这有助于帮助男孩顺利度过对母亲的依恋期。

　　8 岁以后，男孩充满了探索和探险的兴趣，在自己熟悉的道路坐公交回家，在自己家小区内甚至到别人的院子里探索。喜欢地理、爱研究地图。喜欢和同龄的孩子、同性别的孩子玩，这时的友情是真正的双向友情，他不再单纯地以自我为中心，而是开始留意对方的做法。

青春期：向成人改变

　　青少年开始的标志是进入青春期，到了青春期，男孩迎来了一个 2～3 年的发育加速期，体重每年增加 4.5～7 公斤，身高增加 5～10 厘米。在这一阶段，生理上的发育致使青少年具备了成人般大小的身体，并达到了性成熟。

嗓音

　　男孩的嗓音常常在一夜之间就变了，在孩子的变声时期，也是保护嗓子的重要时期。它一般持续 3～6 个月，它决定了男孩一生的嗓音质量，男孩的变声期多出现在 12～14 岁。要特别注意保护嗓子，男孩在变声期，声带的生长速度远远超过了喉结的生长速度，因此声带长期处于充血状态，稍有不慎，就会因为长时间的读书、歌唱、饮食不当等导致损伤声带，破坏嗓音，严重的情况甚至会导致呼吸困难、不能说话。所以父母要注意告诉孩子正确地使用嗓子：不要过度喊叫，不要无节制地大声喧哗，尤其注意不要过度 K 歌；要避免着凉、感冒，否则会加重声带的肿胀和充血；进行适当的体育运动，增强体质；不要熬夜，每天保证 7 小时以上的睡眠时间；不吃或少吃刺激性食物，尽量不吃酸、辣的东西，少吃爆米花、锅巴、坚果类等硬且干的食物，以免对喉咙造成机械性损伤；长时间说话或运动后，不要立刻喝冷水或冷饮；禁止吸烟、喝酒；等等。

身上"杂草丛生"

这个阶段，很多男孩觉得身上长了很多毛毛，脏脏的，十分困惑。父母要告诉孩子，男孩进入青春期后，由于雄性激素的作用，会陆续长出阴毛、腋毛、胡须，同时，身体其他地方的汗毛也会越来越重。汗毛的密度和颜色因人而异，主要受遗传因素的影响，同时种族、气候、地域、营养以及情绪等因素的不同，也会造成很大的差别，是正常的生理现象。

父母应该让男孩明白，体毛多少不取决于主观愿望，跟是不是男子汉更没有什么关系。评价一个男人是不是真正的男子汉，取决于他有没有责任感、正义感，是不是有能力、有爱心，对社会和他人做出了什么贡献。男子汉的修炼靠的是"内功"，有思想、有头脑、有精神、有修养，而不是体毛多、粗糙，更不是粗暴和野蛮。

遗精

对男孩而言，随着睾丸的增大，10 ~ 13 岁时性成熟开始。睾丸的发育经常伴随着或紧跟着阴毛的出现。阴囊也开始发育，开始变薄变暗，并下行至成年时的位置。同时，阴茎增长增宽。13 ~ 14.5 岁时，精子开始产生。14.5 ~ 15 岁时，阴茎已经充分发育，大多数男孩到达青春期，并具备了做父亲的能力。

第一次遗精大都发生在 14 ~ 16 岁，是青春期开始后的正常的生理现象，在睡眠状态下，从尿道排出乳白色液体。它是随着生殖器官成熟，体内精液积蓄，产生的"精满自溢"的现象。正常男孩每月遗精 1 ~ 2 次，有时稍多几次，都是正常现象。很多男孩不知，感到不安，甚至认为自己做了低级下流的事情。这会让他本来美好的心灵充满了某种恐惧，感到羞耻，不敢让别人知道，包括父母，有的男孩因此变得沉默寡言，不敢与父母进行交流。遗精对男孩心理上造成的困扰多表现在情绪上的不稳定，是一种紧张、羞涩、困惑、恐惧和焦虑不安相交织的复杂情绪。

父母要懂得察言观色，及时帮助男孩接受自己身体的变化。告诉孩子，遗精是自发的、不随意的反射活动，并不受个人的意识控制，遗精与思想纯不纯洁或道德品质好坏没有任何关系。遗精没有任何规律可言，一般来讲，正常的遗精对身体并不会产生不好的影响，有的医学专家还认为遗精在某种程度上可以消除体内的紧张，达到一种生理平衡，有利于身体健康。

包皮

男孩到了青春期，阴茎上的包皮自然向后退缩，龟头外露，这是正常现象。如果到了青春期包皮仍然紧包住龟头，或者包皮和龟头粘连，龟头不能外露，就不正常了，这就被称为"包茎"；如果包皮包住阴茎口，但能向上翻起，露出龟头，这就被称为"包皮过长。"

父母要注意男孩包皮的变化，如有问题，及时就医处理。另外，包皮和身体其他的皮肤一样，也需要清洁卫生，否则容易藏污纳垢。在每天洗澡时，将包皮拉到龟头沟以下，用清水洗净，擦干后记得要拉回去。有些人因为包皮太紧，如果忘记拉回去，局部会因缺血而水肿，以后就更不容易拉回。

认知发展

皮亚杰认为，具体运算阶段的男孩思维有局限性，因为他们只能把运算图示应用到真实的、可以想象得到的物体或情境上，例如，只有当物体真实存在时，具体运算者的推理才可能是正确的。7～11岁的男孩还不能把这种逻辑关系运用到代数中使用的XYZ这些抽象的符号上。与之相比，形式运算是一种对观念和命题的心理操作，它最早出现于11～13岁，这时，男孩开始对或许没有现实基础的假设过程和事件进行逻辑推理。

这种推理类似于福尔摩斯在检查罪犯线索以抓住罪犯时做的推理。在这一阶段的男孩，不局限于思考先前得到的事实，而是能够生成假设。"可能是什么"比"真正是什么"更重要。

大脑发育

在青少年期以后，大脑仍然保持了一定的可塑性，虽然青少年期的大脑变化在剧烈程度上比不上生命早期的变化，但随着中枢神经系统的成熟，例如大脑中调节注意的区域（网状结构）直到青春期才完全髓鞘化，青少年的信息加工速度和广度都大大增加。这就解释了为什么青少年和成人可以为了准备即将到来的考试而连续学习几个小时。

情绪管理

在情绪方面，青春期的积极情绪更少。而其消极情绪与大量的负面生活事件相关，这些事件包括与父母相处困难、在学校里违反纪律等，从儿童期到青少年期，这些负面事件呈稳步增长的趋势，而青少年对这些事件的情绪反应比儿童更加强烈。12～16岁的青少年情绪极其不稳定，常常是忽喜忽悲。值得庆幸的是，17岁之后，青少年的消极情绪不再增多，整体情绪也变得更加稳定，18岁之后，青少年的情绪会在略微积极的状态下有小小的波动。

另外，青少年期的男孩总是紧闭房门，不愿意跟家人待在一起，变得喜欢争辩，父母和男孩都感到彼此的关系不如以前亲密了。对家长来说，青春期的男孩"反叛而不负责任""脾气暴躁"等。哲学家罗素认为，青春期的生理剧变是一种自然结果，而这一结果加强了个体的情绪冲动性，并使其对成人的抵触与反抗增多。

心理学家称青春期为"人生的第二次诞生"，男孩开始寻求精神上的独立。他们需要自己解答成长道路上遇到的疑惑，从而学会生活。

早熟和晚熟

成人通常把早熟的男孩视为随和的、独立的、自信的、有身体吸引力的人，他们受到同龄人的欢迎，在学校占据领导者的位置，早熟的男孩拥有积极的形象。相比之下，晚熟的男孩不如早熟的男孩那样受人喜爱，大人和同伴都认为他们是焦虑的、寻求关注的，因为青少年在跟那些成熟水平和自己相一致的同伴相处时会觉得更舒服，所以晚熟男孩存在一定的适应困难，他们对自我更为不满，不过当晚熟男孩也进入青春期后，与早熟男孩的差异就不复存在了。

早熟和晚熟的影响会持续到成年吗？长期追踪调查的结果揭示了这一惊人转变。很多在青少年时期令人羡慕的早熟男孩成年后变得呆板、顽固、屈从、不满现状。相反，青少年期深受压力困扰的晚熟男孩则发展为独立灵活、富有认知能力、对生活方向感到满意的成年人。或许因为早熟男孩在青少年时期颇为自信，所以他们并没有努力去提高自身应对日后生活问题的能力。而相反，那些在青春期发育不合时宜的青少年由于饱受痛苦、经历了历练，使他们形成了清晰的意识、明确的目标和更大的稳定性。

成就动机

研究表明，高成就动机青少年的父母有三种主要特点：温情，接纳，及时表扬子女的成就；给男孩设定一定的标准并加以指导，对进程进行监督并确保其完成任务；给予男孩一定的独立和自主空间，小心翼翼地帮助年幼的孩子，使之尽可能独立完成任务，给予年长的孩子发言权，让他们决定如何更好地应对挑战、达到目标。这种教养方式会促使男孩积极追求成就和学业成功。当男孩遇到学业困难时，如果给予积极的鼓励和帮助，可以使他们乐于接受新的挑战并有克服困难的信心。如果父母漠然视之，很少给予指导，或者过度控制，对功课吹毛求疵，考好了给予物质奖励，考砸了喋喋不休，有可能会妨碍男孩的学业动机和获取成功的动机。

教养方法

如何重塑规则，是青春期的男孩父母的必修课。通过家庭会议，让男孩参与讨论，对非原则性规则要给他自由，允许他表达自己的想法，同时也要让他意识到一些基本的品质是不应当改变的，如负责、全面考虑问题、为他人着想、考虑后果、坚忍、谦虚等。

成就欲是青春期男孩充分发展潜能的主要动力。青春期的男孩已经逐步建立自己的价值观体系，尝试着做自己认为有价值的事情。他的尝试无论是成功还是失败，父母都要抱着欣赏的眼光，及时给予他肯定和鼓励，这样会进一步激发他的成就欲，形成良性循环。

针对青少年的有效父母教养方式，需要在联结和梳理之间寻求一种平衡。父母既要保持权威型的风格，又要使家庭互动方式适应青少年自主的要求，这样的任务颇有挑战性。当青年不再将父母视为理想的化身，他们常常对父母发出质疑。而父母也不得不接受自己的潜在价值正在日益减少的事实。那些经济充裕、没有过重压力、对婚姻满意的父母，通常会更容易给青少年提供支持、指导和适当的自主。如果父母和青少年之间存在严重的关系问题，那么这些问题在儿童时期已经初露端倪。

　　随着青少年疏离家庭，转向与同伴交往，他们和兄弟姐妹间的关系也不那么牢固。不过，对于那些父母能够为其提供温暖和支持的青少年而言，他们往往拥有更积极的同胞关系。

第三章

男孩，该形成怎样的自我

作为一名男孩，仅仅学习好是不够的，还需要懂得责任和担当、尊重和自尊、人情和礼仪等，这样才能更好地适应当今社会，获得更好的发展。

男孩危机

曾经轰动全国的一桩大学生杀人案。起因仅仅是打牌时室友怀疑他作弊、好友过生日没有邀请他等琐事。他设计周密，买到石工锤、塑料袋、胶带纸，先后杀害 4 名同学，利用假的身份证出逃。而此前他曾获得全国奥林匹克物理竞赛二等奖，被评为"省三好学生"。

2016 年，某 26 岁华裔男子与母亲发生争执，失手杀死母亲，并肢解尸体藏于冰箱数月。手刃养育自己的母亲，内心该是何等的冷酷无情，也许长久的心理扭曲，早已让他失去了同情心和人类正常的情感。

以上都是极端的个例，然而在我们身边，个性扭曲的案例不在少数。之前媒体报道过，有些高才生，一路过五关斩六将好不容易考取理想的院校，上大学后却因生活不能自理，无法适应大学生活而遗憾退学；有些因为不懂得处理人际关系，郁郁寡欢，更有甚者，不懂得调节情绪，患上了抑郁症……

还有些人对父母需索无度，毫无感恩的心，一旦父母不能满足他的要求，便恶言相向。比如，因父母不给在北京买房就拒绝考博的神童硕士；因嫌弃父母贫穷，在城市工作后一年都不肯回家一次的高才生……

2017 年 4 月 17 日，辽宁省一名中学生，因为父亲不满他一直玩手机，将其手机强行拿走丢下楼，男孩竟跟随手机跳楼身亡。

现在很多孩子因一点小事就哭闹不止，父母不妥协，孩子就不依不饶，不懂得处理自己的情绪、不知如何面对挫败。

看到这里，或许你有点胆战心惊，我们的男孩到底怎么了？作为父母，我们应该怎么办？

这是个宏大的命题，我们一起来慢慢探索答案。

男孩内在成长的力量

每一个孩子体内，都有驱使他成长的力量，这个力量驱动着他去学习说话、爬、走路、跑步……父母往往能够看到孩子诸如上述外在的成长，却忽视了孩子内在的驱动力。孩子的内在驱动力能够唤醒孩子，让他知道自己是自己的主人，懂得自己要干什么，而不是听候父母的指令。父母要时常提醒自己，不要事事插手，要给孩子机会去思考、实施，失败再尝试，让他们在一件件反复练习的小事中，不断地积累经验，凝聚内心的力量，最终知道自己要什么、做什么，勇敢地追求自己的人生目标。

关于快乐

儿子喜欢踢足球，他享受球在脚下翻滚的感觉，每次踢球，全身的细胞都在扩张、诉说兴奋。虽然大汗淋漓，但是和几个朋友一块踢球，是他觉得最快乐的事。

当他把这份快乐告诉妈妈时，妈妈说："踢球能提高人的反应能力，还能锻炼身体，很好啊！"

这话说得没错，但是妈妈却没有看到孩子内在驱动力。孩子在自己的兴趣爱好里收获着快乐和满足，而妈妈只看到了踢球的功能。

英国哲学家乔治·贝克莱说："存在就是被感知。"我的感受被你感知到，我才发现自己原来这般存在。同理，孩子的存在感，来自他的感受被别人看到。如果妈妈说："妈妈真高兴，因为妈妈知道踢球让你感到快乐，你喜欢它。"就肯定了孩子的自我感受。

妈妈也可以借机给儿子讲一讲人生快乐的不同。有些快乐来源于舒适和愉悦，比如吃得饱、穿得暖、睡在柔软的大床上，这种快乐更多地来自身体的感受；还有些快乐是愿望得到满足，比如你想吃巧克力，妈妈给你买了，你就很开心，这种快乐来自心愿的达成；还有些快乐是喜欢一件事，投入精力和时间去做、享受它，从而对自己满意，比如你喜欢踢球，踢的时候很快乐，踢完了也很有成就感；有些快乐是做有意义的事，比如主动帮助别人，在付出中收获满足。前两种快乐比较容易得到，但是持续的时间很短，很快就会消失，而第三种、第四种就不一样了，它需要你认真地付出，有为别人着想的心，但是持续的时间会很长。

把主动权交给孩子，让孩子去体会、感受不同的快乐，每次体验都会让他对快乐的认知更加丰富。

关于评判

街坊邻里聊天，或者走亲访友，很多父母喜欢给孩子贴标签"我们家孩子太内向、不爱说话""他胆子小""脑子笨"等。

不仅如此，父母和孩子交流时也爱说："妈妈就喜欢听话的孩子。""你要是长得再高一点就好了。""你去学街舞吧，你看那些小伙子跳起街舞来，多么帅气！""你学习不好，还有什么脸要买新玩具。"

父母对男孩往往有很高的期望，他们希望儿子长得又高又帅、善于表达、热爱学习、不惹是生非……所以他们想通过这种方式"刺激"儿子，让他能够长成父母期望的样子。

实际上，每个孩子都有自己的成长节奏，比如有的孩子初中时不长个，到了高中开始猛蹿；有的孩子幼时木讷，但经过多年的积累，长大后却变得健谈起来。

每个孩子也都有自己的特性，比如他喜欢学习，却不爱和人交流；比如他生性活泼，却无法专注于某件事；比如他爱学钢琴，却对跳舞一点兴趣也没有；等等。

甚至是同一个孩子，也有不同的状态，比如有时他想参与到集体活动中享受热热闹闹的气氛，而有时候又想一个人孤独地待一会儿。

……

所以，虽然父母对孩子总是抱有很多的期望，但是应该明白，很多事情强求也没有用，孩子最终要成为的是他自己，即听从自己的内心、做自己喜欢的事情。总用外在的价值观和标准去要求孩子，会让孩子认为，他必须成为你口中的那个"他"，才有价值，才值得爱。这样一来，他可能会压抑自己的想法去"讨好"你，去做你认为正确的或希望他做的事情。时间久了，这种压抑会覆盖他原本的认知，孩子为了获得你的爱拼命向前跑，却没有建构自己的精神体系，一旦进入社会，很容易内心崩溃。

一个男孩，自幼在父母的引导下学习钢琴，勤学苦练，拿奖无数，从小到大一直是父母的骄傲，但是当他如父母期望的那样成为一名大学音乐老师后，他才发现他并不喜爱音乐，也不爱弹钢琴。长期以来，他只是想得到父母的认可，所以把自己的本心抛到了脑后。当他意识到这一点的时候，感觉天昏地暗，因为，那一年，他已经30了，他感觉30岁之前的人生都白活了。

男孩，只有当他不是活在外在价值体系中，不是活在他人的评价里，而是活在自己的感受里、听从自己的内心时，他才会拥有更多的自我力量，去抵御外界

形形色色的诱惑，真正做自己。

关于打扰

不打扰，是一种尊重孩子内在成长的智慧。父母不用惯性的思维去要求孩子，孩子才能独立去观察世界；父母不用自己的认知干扰孩子，孩子才能用自己的方式去体验世界，他才能超越父母的层次，看得更高更远。

3岁多的儿子爱听故事，《14只老鼠的摇篮曲》的故事在他听了无数遍后，某天，他兴致勃勃地要讲给妈妈听，只听他说："'你们回来啦！'嗯、嗯，老、老、老十出去迎接。夕、夕阳下……"妈妈连忙说："不要结巴哦，你看妈妈是怎么说的。老十出去迎接，夕阳下，大树的影子拖得长长的。"儿子继续说，但被妈妈不停地打断、纠正。终于，他再也不想讲了。

3岁左右的男孩，思维能力发育快，而语言能力跟不上，口吃是正常的现象，父母无须在意，过一段时间自然就好了。妈妈想让孩子讲得更好，采用的方法却适得其反。

这个时候，妈妈只需要积极地倾听。记住，只要听就好了，当孩子询问时，妈妈再回答。就算心里有万千蚂蚁在爬，也别干预。你要知道，他因为紧张才说话结巴，但不会一直这样，就像他长到1岁多才会走路一样，需要一个过程，着急也没用。

其实，真正让智力发展的，恰恰是体验。他玩沙子和泥巴，感受质地的不同；他尝遍酸甜苦辣，才得出什么是自己喜爱的味道；他种一粒种子，才知晓生命是如何成长的；他学着讲故事，就必然要经历结结巴巴到流利的过程，甚至很长一段时间，他只能讲出某个片段。你不允许孩子试错，就阻碍了孩子的体验，如同关上了孩子心灵的窗户。如果孩子对世界所有的认知都来自你的灌输，他如何能够比你更优秀？

关于奖励

还有一类父母，喜欢在孩子取得成绩时给予奖励：今天讲故事讲得好，奖朵小红花；明天懂得分享了，奖块巧克力；取得好成绩，奖励遥控车；刷碗扫地，增加零花钱……

乍一看，似乎没什么不对，孩子做得好，给予奖励，孩子才会更有动力，更愿意去做，这样才能形成良性循环啊！

可是，你有没有想过，孩子为什么要做这件事情？如果有一天，你不给他奖励了或者他想要的奖品你无法满足他了，那他还会不会再做这些事情？

比如，孩子讲故事从结巴到流利，能够体会到自己的成长和进步，他很开心。你给孩子加了奖励，看似是好事，却转移了他的注意力，由关照自己的内心的快乐转而去关注外在奖励。洗碗扫地之类的家务，是家庭成员的共同责任，孩子在做家务的过程中，体会到作为家庭成员的责任，为能够对他人有所贡献而欣喜，而奖励会让他感觉这不是自己的事，自己在承担额外的劳动，久而久之，就会缺少责任感，没有感恩之心。

所以，在孩子取得进步时，父母要做的是给予肯定，比如"你讲故事讲得真有意思"；孩子长大了，能帮父母干活了，"你是妈妈的好帮手"；这次考得不错，"你肯定下了不少的功夫"；等等。这样，孩子的注意力才会放在自己的成长和进步上，得到父母的积极肯定，他会更用心、更努力！

巴菲特说，他生命中最有价值的教诲是父亲一再对他说，"尊重你自己的感觉，你越是别具一格，别人就越喜欢对你说三道四，这时候你要做的就是，坚持你自己的感觉"。

相信男孩内在成长的力量，让孩子成为他自己，而不是别人眼中正确的他，生命才有意义。

再小的男孩也有被尊重的权利

儿子出生了，看着他红红的皱皱的小脸，你发誓，你要给他世上最好的爱。

儿子2个月，朋友前来探望，为了向她展示儿子的可爱，你强行将他弄醒，你说："儿子睁睁眼，看看你干妈。"

儿子10个月，看到地上的石头，想摸一摸，你赶紧把孩子抱起，说："地上太脏了，不能碰。"

儿子1岁多，会走路了，来到卫生间玩水，弄得满身都是。你生气地大吼："以后不许这样了知道吗？把衣服都弄湿了，会感冒的！"

儿子2岁，家里来了客人，客人的女儿看上了儿子钟爱的小狗玩具，哭着要带走，儿子紧拽着不放，你强行拿走，跟儿子说："妈妈再给你买新的，好孩子要懂得分享。"

儿子3岁，送去幼儿园，第一次离开妈妈来到陌生的地方，孩子哭了。你说："你是男子汉你知道吗？男子汉不能哭。"

儿子4岁，带他去买衣服，儿子相中了一件小迷彩服，你说："那个不好看，妈妈给你买身牛仔吧，今年流行。"

儿子5岁，想自己洗衣服，却弄得满地是水，你生气地说："早就给你说你弄不好，你就是不听！"

儿子6岁，参加学校组织的晚会，一场街舞跳下来，你说："儿子，你跳舞怎么面无表情啊，表情再自然一点就好了。"

儿子7岁，想报名学习架子鼓，你说："学架子鼓有什么用？把心思用在学习上，比什么都强！"

儿子8岁，出去玩回家晚了，你说："知道我们家的规矩吗？去墙角站着去！"

儿子9岁，大年三十家庭聚餐，聊起孩子的成绩，你说："你看你家儿子多聪明，我们这个就是'笨'，脑子不开窍。"

……

也不知从什么时候开始，你发现儿子变了，班里举行比赛不愿意参加，再也不叽叽喳喳地说个不停了，回到家就躲在自己的屋子里，你想问问他在干吗，换来他不耐烦的回应。你想偷偷看看他在日记里写的什么，却发现早已上了锁。

你从邻居那里听说，他放了学爱去网吧上网。你慌了神，赶去网吧里一看，他正在玩游戏，满脸兴奋。你把他带回家，告诉他，玩游戏影响学习。他丢下一句话"我能从游戏里找到尊严"，转身走了。

你这才意识到你似乎从未尊重过儿子，从未真正听过他的心声。孩子困时需要睡觉，不是配合你去炫耀；孩子探索时需要鼓励，不是强行打断；孩子拥有支配自己玩具的权利，不是配合你表演"好家教"；孩子的进步需要肯定，他不需要完美；孩子有选择自己爱好的权利，不是父母沽名钓誉的工具；孩子的心情需要体谅，而不是死板的制度；孩子的自尊需要维护，而不是攀比和嘲讽。

尊重是什么？尊重是把孩子当成和我们自己一样的独立的存在。孩子想要用自己的双手探索这个世界，他想看到自己像爸爸妈妈一样"厉害"，他渴望成长和认同，他想拥有自己的爱好和朋友，他希望得到尊重，这对他人格的发展和自我的建立意义重大。

而这些，当妈妈的你都忽视了，你觉得，孩子这么小，他懂什么？可是我们想一想，如果孩子把熟睡的你叫醒，你烦不烦躁？如果是朋友把房间弄脏了，你会不会大吼大叫？如果你被当众指责"笨"，心里会不会很难受？如果孩子让你穿上一件不喜欢的衣服出门，你高不高兴？如果是面对你的领导，你敢用这样的口气对他说话吗？

只要换位思考，你就会懂得，当你不尊重孩子时，他根本感受不到你的爱。这就是亲子关系恶劣的根源。

自尊，在孩子幼小时就形成了，父母对孩子自尊的形成影响巨大。

有一类父母，能够给予孩子宽松的成长环境。给予孩子机会体验自己的能力、充分表达对孩子的信任，他们的孩子往往能够建立健康的自尊。

而另一类父母，喜欢把孩子当个小玩意儿一样呼来喝去，像训练动物一样强迫孩子达到父母的要求，认为自己是权威，孩子不按照大人的观点做事就是"不听话"。他们的孩子往往会觉得自己得到父母的爱是有条件的，或者父母包办过多无法体会到自己的力量，长久以往，会形成不健康的自尊。

每个孩子都是独特的，不应拿来比较；孩子有自己成长的规律，不要期望过高；孩子有自己的观点和看法，别急于否定；孩子出现问题时，要予以帮助，而不是打骂；孩子进步时，鼓励而不是过度赞扬；孩子犯错时，告诉他错误是学习的好机会，失败是成功之母。

做个能够接纳错误和不完美的父母，给孩子树立一个好的榜样。做个能够接纳孩子弱点和意见的父母，尊重孩子，他才会更加自尊，才能更自强。

男孩也需要表达自我

人们有一个普遍的认识：女孩对情绪和情感更加敏感，且比男孩更善于表达。这一认识已经得到了研究人员的证实。研究表明：与两岁多的男孩相比，女孩会更多地使用与情绪有关的词汇，比如爱、伤心、高兴等。儿童时期如此，到了青少年期，这种表现的差异会更加明显。年幼时没有学会表达自己情感的男孩，在这方面会更加迟钝，对别人的情感反应不敏感，对自己的情感也不懂得如何表达。

英国精神病学家瑟巴斯汀·克莱默指出："社会对于男人有着更大的压力，人们看不惯男子汉的软弱，在任何时候都不能表现出脆弱的一面。所以还是小孩子时，男人就有着很大的压力，他们更加敏感，并在两岁以前就压制住了许多天性和本能。""男儿有泪不轻弹"，男孩从小被要求压抑自己的情绪，所以，男孩更容易患各种心理疾病。男孩在抑郁、多动症、学习障碍、智力障碍、自闭症等多种疾病上，发病率远远高于女孩。

因为长期受压抑，导致很多男孩不会表达自己情感的同时，对别人的情感反应不敏感。长此以往，男孩容易情绪失控，用攻击或暴力的方式解决问题。当他们把这种攻击指向自己时，就会产生自我伤害甚至自杀；当他们把这种攻击指向他人时，就会有暴力行为出现。

所以，父母要在男孩年幼时有技巧地进行引导。

首先，父母要清楚地意识到，无论是积极的情绪，还是消极的情绪，都是真实的、正确的存在，不要对孩子的消极情绪进行压抑，如害怕、恐惧、悲伤等。

比如，3岁多的儿子怕黑，不敢一个人在屋里睡。爸爸嘲讽道："你还是个小男生呢，怎么这么胆小，屋里什么都没有，有啥好怕的！"爸爸制止了孩子的情感表达，实际上就是告诉孩子，他的情感是不光彩的或者不能说的，如果这种缺乏感情的情况一而再，再而三地发生，孩子就会学会抑制自己的情感，尤其会在父母面前把自己的情感隐藏起来。最终，父母与孩子之间的交流也会变得困难重重。

心理学认为，惧怕与儿童身体发育的状况和应对能力有关，在孩子的认知还未成熟到能明确区分什么是实际，什么是幻想时，他们的幻想经常把他们带进恐怖的环境，形成惧怕心理，这种惧怕心理会随着儿童体力、智力、经验的发展而消失。爸爸可以说："爸爸像你这么小的时候，也怕黑呢，不敢一个人睡，等长大些就好了。""你放心，爸爸会一直陪着你的。"也可以说："人是最厉害的，他们都怕你呢！"爸爸也可以给孩子讲讲自己小时候如何克服怕黑的故事，比如闭上眼睛数星星，或者把变形金刚放在窗台上当保镖，或者给自己鼓劲，"世界上没有鬼，黑没什么好怕的，我是男子汉！"爸爸这样做，不仅让孩子懂得，怕黑是常见的事情，还给孩子提供了应对恐惧的方法，加深了亲子感情。

其次，父母要学会在孩子的点滴言语中获得孩子的情感信息。

"爸爸，我的遥控汽车坏了。"爸爸马上走到孩子身边，看着他的眼睛，对他说："你最喜欢这辆车了，你一定难过极了。让我来看看，能不能把它修好。"爸爸做到了对孩子情绪的回应，帮助孩子认识自己的情绪，孩子学到了新的词语"难过"，也懂得了这个词语的意义。以后碰到类似的事情，就会自然地表达"爸爸，我感到难过"了。不仅如此，父亲也向孩子展示了面对错误的积极的处理办法。

父母要做个有心人，通过生活中的情境，帮助孩子认识自己的情感：获得表扬时开心、玩具被摔坏了难过、看到圣诞老人送的礼物惊喜、碰到小狗汪汪叫感到害怕、养的小鱼死了伤心等，并教导他们如何表达。

最后，父母要学会和孩子交流感受。

比如，"今天妈妈上班时被领导批评了，感到很难过""妈妈看到你被小朋友打了，感觉很心疼"，等等。孩子有很强的模仿欲望，也会学着大人的样子说"今天你不让我吃零食，我很生气"，等等。

另外，在生活中，或者讲故事时，可以多问问男孩，"你感觉怎么样？""你有什么样的感受？""你觉得这个小朋友开心吗？为什么？""小兔子为什么会哭啊？"让男孩在不断地学习和实践中，提高自己的情绪表达能力。

一个从来不表达自己情感的人是平淡乏味的，父母应该多和男孩交流沟通，多给男孩一些耐心，教会男孩恰当表达自己情绪的方法。这样，才能引导男孩把真实的自我表现出来，父母才能真正走进男孩的内心世界。

正确引导男孩的"第一反抗期"

有一天，有个男孩的妈妈在育儿群里求助："自打儿子上了幼儿园，怎么感觉像变了一个人？"

大家忙问："怎么啦？"这位妈妈说："原来孩子可听话了，可最近却天天跟我对着干。我说该吃饭了，他偏要再玩一会儿；我说天冷了穿上大衣，他非得脱下来往外跑；甚至连每晚刷牙都不配合了，困了抱着枕头就要睡觉。批评他吧，他就大哭大闹，真是逼得我一点办法没有。"

很明显，这个孩子进入了"第一反抗期"，心理学家认为，孩子在2~5岁和12~15岁分别有两次特殊的发育时期，会变得不听话，急躁，什么事都要按照自己的思路做，不允许别人干涉自己。而2~5岁往往被称为"第一反抗期"，这一时期的教育会影响孩子终生性格的形成。

孩子刚出生时，对一切一无所知，不能区分自己和外界，没有独立的自我意识。等他长到两岁左右时，开始产生"我"的意识，知道自己是个独立的个体，对掌控自己和外部世界的欲望增强，同时他会感觉到自己的力量变"强大"了，试着反抗大人的保护，他希望通过对大人的否定来强调自己的存在，以此获得大人的认同、尊重以及成就感。

这个阶段来临时，父母要多一点耐心和宽容，更加尊重孩子的想法和意见，肯定他是个独立的、有想法的人，这样能让孩子更好地更有自信地度过这一时期。父母可以从以下几个方面入手：

适当放手，满足合理愿望

面对孩子的愿望，父母不要限制太多，要尊重孩子的自主权。孩子要扫地，不妨先让他扫，等他扫完了，再和他一起扫；孩子想自己穿鞋，不妨让他穿，等他使劲时，悄悄在背后拽一下；孩子要自己洗衣服，那就给他递肥皂，帮他挽起袖子，让他的好奇心得到充分实践。

正面引导，拒绝错误要求

面对孩子错误的做法，父母要用正面和鼓励的方法引导孩子。比如孩子爱撕书，当他拿起书来时，妈妈立即对他说："翻书本要这样，捏着小角，轻轻翻。你看，这群小朋友在干吗？"用正面的话语将孩子的注意力引导到书里有趣的故事上。

比如孩子要拿暖壶，你上前把暖壶拿走，转移孩子的注意力说："妈妈太累了，你帮妈妈扫一下地吧。"

孩子不肯进餐椅吃饭，那就拿些小面包、小点心哄哄他，看他吃得高兴时，再把他抱进餐椅。

记住，生硬地拒绝往往于事无益，面对孩子的不合理要求，分散注意力是个不错的办法。

反其道而行，达到预期目的

因为孩子总爱和父母对着来，所以父母可以反着要求孩子，明明希望他带上水壶，却对他说："你别带水壶了。"孩子听了，就会非要带着水壶出门，这样，父母的目的就达到了。

巧用选择句，避免冲突

如果想要孩子少说"不"，父母就要自己注意避免用这个词。把危险的物品锁起来，或者盖好盖子，不让孩子看到。

还可以使用选择句，让孩子自己选择，避免权力之争。

例如把"你要洗澡吗"换成"你想在澡盆里玩小鸭子还是小水桶"；把"过马路时要牵着大人的手"换成"过马路时，你想牵着爸爸的手还是妈妈的手"；把"穿上这件衣服"换成"你想穿这件衣服还是那一件"。孩子被赋予了权力，就会乐于参与选择，很多矛盾就迎刃而解了。

总之，既不一味地满足他们的要求，也不能过多地限制他们的愿望，多用鼓励的语言，采用孩子能够接受的方法，促进孩子心理健康发展，引导他平稳顺利地度过"反抗期"。

让男孩参与选择，比告诉他决定更重要

讲两个发生在我身边的小男孩的故事，小 A 和小 B，他们的故事说不定也经常发生在你的身边。

小 A 的父母，从小就喜欢听听他的意见。比如说，早餐你要吃煮鸡蛋还是炒鸡蛋？穿衣服，你喜欢穿这件还是那一件？买鞋，你想要这双还是另一双？开家长会，你让爸爸去还是妈妈去？周末，你是出去玩还是在家里看书玩玩具？

小 A 的选择常常令父母哭笑不得，比如：明明这条短裤配白色的 T 恤更好看，但他坚持要配灰色的；100 多元的品牌鞋在他眼里比不上二十几元的鞋，因为轻便；他爱去湖边看鸭子扔石子，百去不厌；等等。但他的父母仍坚持让他自己选择，比如去饭店点餐都是他来点，比如如何安排自己放学后的时间，比如学什么兴趣班。

小 B 家则相反。饭菜准备好了再喊他过来吃，衣服也是妈妈帮他选择好，买鞋买玩具都是父母说了算，假期父母都会带他出去玩，当然，去哪里、玩什么也几乎都是父母决定。

小 B 的父母认为，孩子小嘛，知道啥？他懂得搭配得帅气些吗？他知道选择经济实惠的衣物吗？他懂得品牌鞋透气性更好吗？他知道哪里风景更美更好玩吗？他当然不知道啊！所以父母要帮助他做出最正确的选择。

请问：小A和小B谁会成长得更好？

小A拥有了选择的权利，他也渐渐明白，自己要对自己的选择承担责任。当他参与了选择后，吃饭比原来吃得更香了；衣服虽然不搭，但渐渐地，他摸索出了自己的穿搭风格；他后来知道，品牌鞋里也有轻便的选择；他放弃看手机，早上一起床就拿出前一天自己买的书来读。后来，高中时他看到牛津大学的入学申请资料，很想试试，但是报名费昂贵、录取率低，他想征求父母的意见。父母给他分析利弊后仍然让他自己决定，最终，他决定闯一闯。幸运的是，他通过了层层选拔，被录取了。

小B也过得很惬意，因为他不用费力思考。甚至很多时候，他连要求都不用提，父母早就给他准备好了。上大学以后，他发现，原来父母给他买的衣服都落伍了，一点也不时尚，于是他决定自己去买衣服。他来到商场，却难以下决定，因为他不知道穿上合不合适，好不好看。在服务员的鼓励下，他试穿了几件，仍拿不定主意。打电话给父母？电话那头的他们也看不到电话这头的衣服啊。"算啦，改天叫几个室友来帮我选择吧。"他想。不仅在买衣服，生活中很多事他都无法做出选择，他不明白为什么，因此常常感到灰心丧气。

法国思想家卢梭说："为了使一个孩子能够成为明智的人，就必须培养他有自己的看法，而不能要他采取我们的看法。"或许你会说，让孩子选择，去旅游的话，他知道的地方有限，怎么领略更多美好的风景？家里的预算有限，他要的玩具太贵怎么办？他选择的事情很危险怎么办？难道为了培养他的独立自主，就任由他选择吗？

当然不是，作为父母，我们有身为父母的责任。就像孩子觉得在马路上奔跑很酷，但我们绝对不会让他去冒险一样，我们应当给予孩子有限制的选择。

什么是有限制的选择？有限制的选择就是在恰当的时候给孩子提供至少两个或者两个以上可以接受的选择。清楚地告诉孩子，什么是可以接受的行为，什么是不可以接受的行为，父母要有清晰的态度和立场。

比如说，去超市买东西，提前告诉孩子只能买一样，而且预算是多少，让他知道，低于这个预算的，他可以随意选择。（提前告知）如果孩子看中某件昂贵的玩具，你可以告诉他，"看得出来，你很喜欢它，妈妈也希望能够买给你，但是妈妈今天只带了这么多钱。"（共情）"你看那边那个玩具，也很有意思，是小猪佩奇的呢！"（转移注意力）如果孩子还是不依，你可以说："如果你买这个小猪佩奇的，我们现在就可以买下来，如果你坚持买那个昂贵的玩具，我们得需要攒钱，要等到月底妈妈发工资才能买。"（给孩子提供解决方案，让他自己决定）

比如说，孩子喜欢看电视，妈妈可以说："你看电视可以，但是每天不能超过半个小时。至于什么时间看，你来决定。"这样，儿子能够每天看到电视，不用再担心妈妈不让看；妈妈也约束了孩子看电视的时间。

比如全家驾车出去玩，孩子在后面闹个不停，你可以把车停到路边，告诉他："如果你想让妈妈继续开车，就要保持安静，如果你吵闹，我们就在这里停着。"

比如去游乐场，提前告诉他哪些危险的项目因为他年纪太小不能玩，其他的由他来决定玩什么。

有限制的选择，既赋予了孩子权力感和自主选择的力量，又避免了父母和孩子陷入权力之争。选择，看似小事，却透露着一定的价值观。父母要从小事做起，给孩子提供选择的机会，帮助孩子积累面对大事时做决策的勇气和智慧，当孩子犹豫不决时，父母也可以帮助他分析利弊，让孩子慢慢地学会管理自己，很多问题就在不知不觉中解决了。

让男孩从小就有担当

我收到过不少男孩妈妈向我倾诉育儿的苦恼，大致如下：

"我儿子早上总是赖床导致迟到，怎么说都不肯听。"

"每天都有忘记带的东西，不是文具就是课本。"

"凡事都要再三叮嘱才能做好。"

……

还有些抱怨自己老公的：

"晚上睡太晚早上起不来，开会迟到赖我不叫他。"

"孩子就像不是他亲生的一样，从来不知道帮忙看孩子。"

"挣钱少，也不想想如何奋斗打拼，只知道成天玩游戏。"

"明明他从事房地产行业，看好的一套房子涨价前没买到手，反倒赖我。"

……

这些问题，其实都是同一类的，就是责任心的问题，在孩提时没有学会担当，长成男人也不会懂得承担责任。

这些坏毛病怎么来的？往回看，倒是有迹可循。比如，儿子被石头绊倒了，妈妈踢了一脚石头，说它碍事；上了学和同学抢玩具，妈妈责怪同学不懂得分享；毕业后找不到好工作，妈妈说是因为没关系，找不到好门路；跟人合伙创业失败，妈妈赖别人黑心；就连浙江丽水那个花了父母3万元血汗钱打赏网络游戏主播的孩子的父母，在事发后，居然也说，都是那些网络主播诱惑我不懂事的孩子。

责任心是怎么来的？它是从家庭中汲取的价值观慢慢培养出来的，是发自内心的情感，始于父母的态度。**要想孩子有担当，父母要从小给予孩子担负责任的机会，让他学会承担后果。**

美国前总统里根小时候踢球，踢坏了别人家的窗户，别人索赔12.5美元，相当于120只母鸡。里根的父亲替他赔偿了，但是要求里根偿还。于是里根努力工作，才将这笔数目不小的钱还给了父亲。

在日常生活中，想让孩子体验后果并非易事。怕孩子迟到挨批评，怕孩子忘带书本影响学习，怕孩子忘记带饭饿肚子，怕孩子没带伞被雨淋，怕孩子希望落空会失望和难过……于是，很多孩子本应自然而然获得的后果因为父母的干预而一时幸免，然而哪个父母能为孩子护航一辈子呢？

那么，应该怎样培养儿子的责任感，培养出有担当的男子汉？

让儿子体会自然后果

自然后果是自然发生的事情，没有大人的干预。比如要告诉儿子，他迟到，是他自己的事情，他要因此负责，妈妈不会再催促。如果孩子真的起晚了，就坚定地执行自己所说的话，让儿子从自己的过失中吸取教训。儿子迟到后，或许会因此遭受老师的批评，或许被老师罚站，但这都是他应该承受的后果。

放弃说教

当儿子承担后果时，父母要避免说教。"我早就告诉你了，你就是不听。""这下挨老师批评了吧，看你以后还敢不敢起晚。""你要是听妈妈的话，至于迟到吗？"这类的说教会让孩子本能地把心思集中到承受或者反抗这些责难、训斥的话，从而阻碍孩子体验自然后果的效果。孩子已经承担了后果，自然会吸取教训，父母要做的只是表达同情："老师批评你，你肯定很难过。""淋湿了一定很难受。"

有意识地让孩子做一些事情

让他通过做家务，体会家庭成员的责任；长辈生病时，让他学会伺候，体会孝顺；搬新家时让他自己布置房间；等等。

儿子已经懂得计算了，一天，他想要吃瓜子，妈妈决定锻炼他，让他自己去买，妈妈给了他5元钱，儿子很兴奋，拿着钱就跑出了家门。可是到了超市才发现，钱丢了，他哭着回家了。妈妈没说什么，又给了他5元钱，这次他把钱放在口袋里，顺利买完瓜子回家了，回家后，妈妈问："你喜欢吃瓜子，你知道爸爸妈妈喜欢吃什么吗？"儿子摇摇头，他跑去问了爸爸，又问了妈妈，然后跟妈妈要了钱，又跑去超市买了爸爸妈妈爱吃的东西，心里高兴极了。

这位妈妈懂得教育孩子，在孩子有能力之后，放手让孩子自己去做；在孩子犯错之后，没有责怪，让孩子在宽松、温暖的家庭环境中自省；用提问的方式，让儿子懂得爱别人、关注别人的需求，而不是只想自己。

鼓励孩子做事情善始善终

很多孩子，特别是男孩，好奇心强，但是做事随意，容易虎头蛇尾。比如想学钢琴，但是学了几节课，发现重复练习很枯燥，就想放弃；比如做暑假作业，开始时写得工整，越往后越潦草……这时就需要父母的督促和引导。要告诉他，自己选择的事情，一定要坚持到底。

给孩子做好榜样

让孩子看到父母怎样孝顺长辈，尽子女之责；让孩子看到父母犯错时怎样承认错误，勇于改正；让孩子看到父母怎样坚持一件事情，与自己的惰性抗争；让孩子看到父母怎样互相协作、为对方考虑……

维克多·费兰克曾说，每个人都被生命询问，而他只有用自己的生命才能回答此问题；只有以"负责"来答复生命。因此，"能够负责"是人类最重要的品质。

而为人父母者，只有将慈爱与坚定的行动相结合，才能使教养方法落实于生活，才能让孩子懂得负责的意义，掌舵自己的人生。

正确对待别人的评价

儿子上幼儿园后，有一天，他跑来告诉我："妈妈，今天我们班同学说我这件衣服不好看。"儿子穿的黄色 T 恤，图案是几个竹兜宝宝，我意识到，孩子需要我的帮助。在收到同学对自己穿衣的反馈后，他想来找我确定，自己的衣服是不是真的不好看。我想，是时候应该引导孩子如何看待别人的看法了。

我问："那你觉得这件衣服好看吗？"

他低下头，又看了看："好看。"

我笑着说："这就可以了。"

儿子听我说完，蹦蹦跳跳地走了。

我们能为男孩做的最有益的事情，就是教孩子学会自我评价，而不是依赖别人的观点或者看法，这里面有很重要的一点因素——自尊。要引导孩子学会自我评价和内省，而不是通过他人的反应来判断自己的对错。父母要尊重孩子、关注孩子、培养孩子的技能，使孩子不为外在的负面观点所左右。

鼓励自我评价

面对问题，询问孩子："你觉得怎么样？""你是怎么想的？""你觉得怎么做更好？""你学到了什么？"

孩子画了一幅画："妈妈，你看我画的画好看吗？"妈妈走过去，问儿子："你觉得你画得怎么样？你最喜欢你画的哪个地方？"等孩子自己指出后，妈妈又指了另外一处："我觉得这里也画得很漂亮。"

学会倾听，重视孩子的意见

有时候，孩子向我们描述自己的看法。但是父母往往会不经意地忽略孩子的话，或者敷衍了事。这样会给孩子传达错误的信息：我的观点是不重要的。父母要学会倾听孩子的感受，并且表示认可。让孩子知道自己的看法是有价值的。

心理学研究表明：**孩子与父母平等的争辩，不仅是互爱的体现，而且能够帮助孩子树立起自信心，教孩子明辨是非，丰富他的想象力和创造力。**

孩子说："妈妈，你下班回来给我买橘子吃。"孩子对这件事产生期待，这虽是小事，孩子却会很重视。如果妈妈忘了，孩子一方面会因为没有吃到橘子而不舒服，另一方面会觉得妈妈没有把他当回事。

不管多小的事，父母既然答应了，都应该尽量做到。如果由于客观原因没办法完成，也应该和孩子解释一下缘由，让孩子感觉到自己的意见是受尊重的。

别互相比较

有个男孩告诉我，他非常讨厌邻居家的孩子，因为他的妈妈总是喜欢拿他和邻居家的孩子比较，总觉得邻居家的孩子更好。每个孩子都是不同的、独特的，有自己的行为方式，父母应当珍惜。要让孩子知道自己是独一无二的，任何比较都是有害的，更无须模仿他人。父母要懂得欣赏自己的孩子，让其有信心自我提高，超越眼前的自我，只要孩子今天比昨天更有进步，就应该祝贺他、肯定他、鼓励他。

杜鲁门当选美国总统时，有人向他的妈妈祝贺："你有这样的儿子，一定十分自豪。"杜鲁门的妈妈说："是的，不过，我还有一个儿子，同样让我骄傲，他现在正在园里种土豆。"

在杜鲁门的妈妈看来，自己的孩子无论从事什么职业，都是优秀的，谁也不比谁差。攀比是可怕的，会把孩子的自信心榨干，对孩子的成长不利。用欣赏的眼光看待孩子，用正面的话语激励孩子，孩子才能更加积极向上。

让孩子参与安排家庭事务

在周末或者寒暑假期，改变一下孩子在家庭里的角色，让孩子当一回"主人"。让他安排一家人周末出游的准备事项，或者去超市采购的清单安排，孩子会在参与安排家务中学到很多东西，同时也能了解家庭的经济情况、控制自己的不合理开销，更重要的是，通过锻炼，孩子会变得更加懂得思考、更有主见、更有自信心。

发展特长，提升孩子的自我认同感

美国心理学家埃里克森说："人穷其一生，他的心理成熟的标志是什么？就是能够达到自我认同。"

什么是自我认同呢？就是我知道我是谁，我知道我该干什么，我知道我能干什么，我知道我想干什么，我知道我干得了什么。每个孩子都有自己的个性特色，但是，孩子往往更容易看到别人身上的闪光点，比如觉得别人学习好、口才好、有领导力，羡慕别人的同时，对自己感到灰心丧气。父母要懂得在生活中发现孩子的闪光点，对他进行鼓励。

儿子在班里学习不拔尖，但从小爱说话，读起课文来声情并茂，妈妈便给他报了口才课外班，对他进行针对性的辅导，积极带他参加学校组织的主持人比赛、诗歌朗诵赛等，后来，儿子开始担任学校广播站的播音员，朗诵的特长不仅提高了他的自信，而且让他更有"底气"，在生活中碰到困难或者受到委屈时，他能更加清醒地思考和面对。

美国知名影星理查·基尔说，他从父母那里得到的最大的礼物是自信，在他的童年时代，家庭虽然贫困，但是父母总是教他看到自己存在的价值，给予他最大的欣赏和赞美。

在解决一个个问题中积聚能量，在失望后积极凝聚希望，在犯错后内省，在生活的点滴中获得能量，父母引导帮助孩子建构起自尊与信心，长大后，不管遇到什么困难和非议，他都能够有信心坦然面对。而真正自尊的孩子，有十足的底气去抗拒生活中形形色色的诱惑和五花八门的骗局，绝不会误入歧途。

第四章

母亲应该怎么做

温柔细腻的母爱，能给男孩带来足够的安全感，

安全感就仿佛是打仗时的安全基地，

有了它，进攻时有供给，防守时有保障。

男孩的安全感到底来自哪里

有一天我逛公园，看到一位妈妈在冲一个男孩发脾气，男孩在一旁哭闹。

妈妈说："你都多大了还让抱？！走了这么久，你累了，妈妈也累啊。别哭了，你哭我也不抱你！"

男孩依旧大哭，妈妈又说："你再哭，我就把你扔在这里不管了！"

男孩哭声更甚，同时双手抓住妈妈的腿。这时，妈妈努力挣开他的手，果断扭头走了。男孩哭得更厉害了，撕心裂肺地喊。我听了，心里一紧。可那位妈妈真的不见了，我放心不下这个男孩，也帮着努力寻找男孩妈妈的身影，终于，我发现了她躲在了一棵大树旁边，偷偷看着儿子。后来，男孩抽啼着走过去找到了妈妈。

妈妈不想答应孩子"过分"的要求，其实有很多种方法应对。她可以和孩子比赛跑步，看谁跑得快；可以提议休息一会儿，然后再走；可以跟孩子说只能抱一小会儿，先满足他一下，再让他自己走；可以示弱说妈妈也很累，你要心疼一下妈妈；等等。但她偏偏采取了最不可取的方法。

但是，大家对这种场景并不陌生。在超市里、游乐场，可以见到很多这样的场景。孩子哭闹，妈妈就会吓唬说再哭就不要他了。妈妈只是开玩笑吓唬，而儿子会真的觉得，如果他不听话，妈妈就会不要他。长此以往，儿子虽然看上去会越来越乖，但心里却会变得很脆弱——小心翼翼、谨小慎微，生怕不小心惹怒了妈妈，就会遭到抛弃。

美国心理学家马斯洛曾说过："安全感是一种从恐惧和焦虑中脱离出来的信心，它是安全和自由的感觉。拥有它的人，主观满意度高，乐观自信；而缺乏它的人，生活满意度低，焦虑恐惧。"

孩子们能成为更好的自己源自两个因素：一个是让他们感觉自己是被爱的、受欢迎的、有安全感的。另一个是他们确定有人永远会理解并支持自己。

安全感是人类生命的底色，有了它，才有了体验快乐和幸福的可能，人在儿童时期安全感的感受会影响一生。

很多成年男子不善言辞，畏惧爱和被爱；不喜欢麻烦别人，却对别人有求必应；一旦犯错，就不断自责；对别人的表情动作语言很敏感，常常受别人情绪影响；玻璃心又自卑，特别在意别人的眼光和看法；如果别人对自己好，恨不得把自己所有的好东西都和他分享，生怕对方离开；等等。都是因为幼时没有得到充分的安全感，自己的内心无法真正的独立和自我满足。

那么孩子的安全感从何而来，我们又该怎样呵护孩子的安全感呢？

母亲高质量的亲子陪伴

美国的国家儿童健康与人类发展研究院有一篇长期追踪的报告，探讨早期的婴幼儿照顾对日后情绪发展及认知功能的关系。这项研究自幼儿出生起便进行追踪，共统计了 1300 名儿童，涵盖种族、宗教、教育程度、社会地位、职业妇女与全职母亲、单亲或双亲等各种情况，研究发现：影响孩子未来发展最大的因素是父母对待孩子的态度，也就是说，真正影响孩子依恋行为的是母亲是否了解孩子的需求，是否能对孩子的需求立即做出反应。

如果母亲和孩子在一起的时候，一会看手机，一会儿看电视，对孩子的要求不理不睬，任由孩子哭闹，那么这个孩子的安全感远远比不上那些虽然和母亲有短暂的相处时间，但是却有较高的互动和交流的孩子。另外，如果母亲工作很忙，可以每天抽出固定的时间来陪伴宝宝。比如早上陪伴宝宝起床，边唱歌聊天边穿衣服，陪他吃早饭，玩一会儿游戏；做饭的时候，让宝宝坐在宝宝椅放置一旁，一边炒菜一边和宝宝互动；给宝宝讲讲绘本故事，陪宝宝睡觉……对于孩子而言，规律感很重要，即使妈妈很忙碌，但能够在某个时间段和孩子亲密相处，孩子也会很安心。

允许孩子表达情绪

要允许孩子表达自己的真实情感，难过的时候可以哭，他内在的感受能够自由表达，他才能学会认同自己的内在感受，觉得自己的心情是合情合理的，值得尊重的。有很多妈妈非常讨厌男孩子哭，觉得这样一点也不像男子汉，所以当孩子哭的时候，妈妈们往往是制止。这种控制和不允许，就会让孩子对自己的内心感受产生怀疑，会觉得自己不该有这样那样的感受，觉得自己不好，影响安全感的建立。在孩子情感受挫时，能不能够得到父母足够的情感支持，让他们真正的明白，不管他们怎样，他们都可以安全地向父母求助，这份后盾和自信，才是真正安全感的基础。

和谐的家庭氛围

如果夫妻二人经常吵架，动不动就破口大骂甚至大打出手，孩子终日生活在恐惧之中，就会有各种猜测："爸爸妈妈是不是不爱我了？""爸爸妈妈是不是因为我不听话才吵架的？""他们会离婚吗？我是不是就要没有爸爸妈妈了？"美国家庭治疗大师萨提亚说："无论国王还是农夫，只要他家庭和睦，便是世界上最幸福的人。"

平和的情绪

很多妈妈非常重视给宝宝足够的安全感，但她们往往忽视了自己的情绪。在自己高兴时，往往对孩子很亲昵，但是在自己不高兴的时候，就会大发雷霆。比如说，孩子都爱在沙发上蹦跳，但是这样很危险，容易受伤，所以妈妈平时不允许宝宝在沙发上蹦跳。

有一天妈妈接下了一笔大订单，得到了一笔丰厚的奖金，她买了一堆宝宝爱吃的零食回到家，看到宝宝正在沙发上蹦跳，像个小天使一样。她招呼孩子过来，亲了亲孩子，给他零食。孩子心里美极了，妈妈没批评他，还对他这么"好"。第二天一清早，妈妈接到电话，因为公司战略调整，她被派到外地分公司拓展业务。"难道，就要和丈夫孩子过两地分居的日子了吗？"她心情很糟糕，一抬头，看见孩子在沙发上蹦跳，"你快给我下来，万一摔倒怎么办？！"妈妈大吼。孩子心里很困扰，同样是跳沙发，前后遭遇了截然不同的待遇。他不知做错了什么，惹得妈妈不高兴。他没办法理解大人的情绪变化的原因，只会疑惑，"妈妈到底爱不爱我？"如果妈妈经常喜怒无常，孩子就会生活得小心翼翼、缩手缩脚。

在碰到挫折、困难时，妈妈要懂得用积极的方式去处理自己的情绪，这样不仅呵护了孩子的安全感，也可以让孩子从中学习如何处理自己的情绪。妈妈可以告诉孩子："妈妈今天因为工作上碰到一些挫折，心情非常不好，这跟你没有关系，妈妈需要静一静。"或者，"妈妈今天因为工作上的事情，心情非常不好，你能不能安静地坐在沙发上陪伴妈妈一会儿？"如果是因为孩子的行为惹怒了妈妈，妈妈也可以这样说："你这样做，我感到很生气（表达感受），你觉得怎样才能避免这类的事情再发生？"

温柔细腻的母爱，能给男孩带来足够的安全感，安全感就仿佛是打仗时的安全基地，有了它，进攻时有供给，防守时有保障。在孩子一生的成长中，既能够拥有较好的向外探索、创造的勇气，也能够拥有建构自身内在精神世界的力量，这是孩子一生幸福的宝藏。

母亲的角色：爱与自由

央视纪录片《零零后》中有个孩子叫锡坤，自幼是个淘气的孩子，会把挂面放在盆子里点燃，还要加上盐和水，把家里弄得乱七八糟。

面对他的顽皮，妈妈表示，只要保持足够的耐心，不要暴跳如雷，孩子长大后会慢慢变好的。

看上去妈妈对锡坤充满了尊重，锡坤应该成长得很快乐，可是他却变得迷茫和沉默。

原来，妈妈看似对他很尊重和宽容，实则对他充满了担心。锡坤动手能力强，想当科学家，妈妈给他买了很多书籍，却又担心做科学研究跟人的交往会变少，于是给他报了语言班。四年级时锡坤喜欢上魔术，妈妈一边鼓励他在小朋友面前表演，一边担心魔术以后不一定有前途。妈妈为了他能够享受更好的教育，辞职陪他在外地上学，妈妈每天全部的时间都在为他考虑，事无巨细地提醒他该穿什么衣服，该怎样与同伴交往……

我们丝毫不怀疑妈妈对他的爱，但我们都能看出妈妈给予孩子的自由太少了。妈妈太过焦虑，她沉甸甸的爱，埋藏在孩子的潜意识里，慢慢消磨掉孩子的心力，干扰孩子的独立思考和动手能力，让孩子变得被动和无助。

在生活中，这样的例子比比皆是。与父亲的撒手不管形成鲜明的对比，大多数母亲的特点是太爱孩子，舍不得放手。从早到晚，从吃饭穿衣到学习爱好，样样为孩子考虑周全。很多男孩子上大学后仍不会洗衣叠被，工作后碰到小事仍要询问妈妈的意见，甚至买衣服都要妈妈陪同，就是自幼"中毒太深"，每天生活在妈妈为他营造的港湾中，从未体验过风吹雨打，也不知道现实的残酷。让未来将肩负更多责任的男孩，失去本应具有的阳刚之气，所以现在社会上出现了很多妈宝男、啃老族。

一位哲人曾说："一个人经过什么样的洗礼，就能造就出什么样的灵魂。"家有男孩，母亲要学会放手，让他接受挑战、思考办法，从而有勇气、有担当、有力量；让他参与决定，从而有谋略、知得失、晓利弊。

母亲学会放手，可以从以下几个方面做起：

注意对孩子动手能力的培养

可以根据孩子年龄让他做一些力所能及的家务。比如，3 岁的男孩可以训练他自己吃饭、刷牙、洗脸、叠衣服；4 岁时可以让他学习整理床铺、打扫卫生、倒垃圾；5 岁可以教他拖地、洗碗筷等。让男孩有自己的房间，为他购买低柜的衣橱和书橱，总之，能自己做的就让他自己做。

有时候孩子很想参与到家务中，却遭到大人的拒绝，"你还小，拧不上瓶盖。""你会把碗打碎。"当孩子被拒绝时，内心是不满和愤怒的。孩子掌握一项技能是需要长时间的练习的，所以，在孩子一次一次系不好鞋带、扣不上扣子、盖不紧瓶盖时，家长最好的办法不是拒绝和吓唬，而是对任务的难度进行评价："扣个扣子不容易。""这个瓶盖很难拧。"这样的评价对孩子很有帮助：如果孩子成功了，他会有一种满足感，自己学会了一件不容易的事；如果孩子失败了，由于父母提前告知了这件事情难做，他会感到安慰，不会认为自己能力不够。

孩子们需要试错、需要机会，他们在实践中体会力量，形成自信。如果孩子表现得好，就要及时给予表扬。另外，父母爱劳动对男孩是最好的榜样。

给孩子思想自由，让他具有独立思考空间

不仅是让男孩能够自己独立去完成某件事，还要让男孩在遇到难题时能够独立去思考解决的办法。比如孩子和小朋友发生争执，家长可以问："你觉得怎样才能避免这种事情发生呢？"启发孩子思考办法，而不是简单粗鲁地告诉孩子"打回来"或者"咱以后不和他玩了"。

给孩子权利，让他自己去选择

小一点的孩子去超市买东西，可以让他选一样自己爱吃的；买衣服，征求他的意见再决定。大一点的孩子，让他自己决定学习什么兴趣班，而不是一味地强求孩子选择父母喜欢的路。多给孩子说诸如"如果你想的话""你来决定这件事""这取决于你自己""不管你做什么决定，我都支持你"之类的话，孩子会因为受到信任而感到很高兴。

通过选择，让孩子承担后果，才能学会做决定，成为有担当的男子汉。

懂得示弱

告诉你的男孩："一切都靠你了！"比如说，上楼时告诉儿子自己累了，让他搀着妈妈；天黑出门时告诉儿子自己害怕，让儿子给自己壮胆等。要想儿子多一分男子汉气概，母亲不妨表现得弱一点，多给他一个展现自我的空间。生活中强势的母亲，儿子往往懦弱；相反，如果母亲能够表现得柔弱一些，便会唤醒儿

子心中那种保护别人的责任心，进而坚强起来。

曾有研究表明：男孩在成长期，心理活动的主动性会增加，对自己感兴趣的事情都想去尝试和体验。从男孩自身发展的角度来说，不给予男孩锻炼的机会，就等于是扼杀了男孩自理能力发展的机会，长此下去，男孩就会忘记了自己的使命，缺乏独立处事的能力。

我国著名教育专家陈鹤琴先生说："凡是孩子能做的事情都应该让孩子自己做，不要替代他。"**对于男孩而言，"被使用"和"被需要"的感觉是十分重要的，这是他们自信、自尊的源泉，是他们努力生活下去的动机。**对父母而言，要让自己成为孩子可有可无的人。我们爱孩子的目的，是让孩子独立成长，坚强地面对未来的风雨，而不是留在我们身边，当一个"30 岁还断不了奶的巨婴"。

人类学家吉娜·布里亚的一本书，叫《家庭的艺术》，其中说到了她家里的两个儿子，她说："养儿子的过程，最主要的就是在适当的时候放手。我想让两个儿子都知道一点，那就是：家是港湾，永远向他们敞开，但他们也是男子汉，外面海阔天空，应该走出去大胆闯世界。"家是孩子的"港湾"，意思就是能给他们"呵护"；"闯世界"则意味着"放手"。把握二者的分寸，就是在爱孩子，保护孩子，给孩子呵护和安全感的同时，也应该放孩子出去，鼓励他们独立。

我想，这就是为人母者恰到好处的分寸感。

母亲的魅力从何而来

公众号的后台，经常有妈妈们留言，诉说有宝宝后的苦日子，以及自己的迷茫和无助：

"11点的我困得睁不开眼，宝宝却精神抖擞。"

"好不容易把他哄睡，刚要进入梦乡，宝宝'哇'的一声又哭了。"

"白天不是尿了就是拉了，好不容易消停会儿，又打嗝了。"

"连上个厕所都得飞奔而去。"

"宝宝都1岁了，肚子还没恢复下去，身材走样，也没心思拾掇自己。"

……

妈妈们整日围着孩子转，孩子仿佛成了生活的全部。而孩子总有各种花样考验你，让你片刻不得空闲。妈妈们的苦恼在于，既想把娃养好，又想拥有自己的生活。其实，这并不难。

保持良好的心态，别对自己要求太高

国外专业的数据是，产后抑郁比例至少为 10%，这是一个非常庞大的数字。身体上的疼痛、睡眠不足、夫妻关系、婆媳关系……很多问题都可能导致新妈妈们烦躁不安。这时，要能清楚地觉察自己的心态，除了原则性问题，其他的都可以含糊过去，别太当一回事。生活中不乏爱闲扯家长里短的人，总爱评论你的育儿方式、处世态度，甚至穿衣风格、工作收入等，这些都无须计较。孔子说得好："人不知而不愠。"不愠的前提是，我们自己要足够自知，要清楚自己是谁、想做什么、在做什么。有了自知，我们就有了底气。别人如何谈论和看待我们，根本不能对我们产生影响。只有看清了，才能看轻。

现在有很多育儿文章、育儿书籍，不断地给妈妈们灌输育儿知识，这样不行那样不好，容易让妈妈们过于谨慎，一点小事就如临大敌。其实，孩子没那么脆弱，即使你并不懂那么多育儿知识也没关系，母爱是孩子最珍贵的营养，你的爱就是最好的养育。

懂得这些，你就会变得更加乐观、积极地看待周围的一切，你的乐观和积极也会传染给你的孩子。

合理安排时间，亲子时光和独处时光两不误

如果你是全职妈妈，你要有意识地引导宝宝和你的作息规律保持一致的步调。比如说，宝宝中午不爱午睡，而你中午必须休息一会儿。这样的话，每当午睡时间，就把宝宝抱到床上，你在一旁午睡，即使他不睡，也让他在床上玩。用不了多久，你就会惊喜地发现，宝宝在一旁睡着了。

如果你是职场妈妈，下了班，要好好地陪伴宝宝。可以规划下自己的时间。比如说，7 点到 7 点半是晚饭时间，晚饭过后，和宝宝做游戏、讲绘本到 8 点半，

然后准备睡觉，上床讲睡前故事。宝宝睡着以后，妈妈可以再做一些自己的事，看看书，练练字，和丈夫聊聊天，或者发展某项自己的爱好。

无论是职场妈妈还是全职妈妈，都需要有一个独处的时间。独处，让你感知自己的内心，让你察觉自己的状态，让你认识真实的自己，让你看清脚下的路和未来的方向。

拥有一个爱好

你喜欢的事情，会滋养你。我们的情绪是绵延弥漫的，我们常常不经意就如同陷入泥沼一般，沉湎于某种情绪里无法自拔。而爱好，会让我们从中抽离出来，回到平和愉悦的状态。比如晨跑，在公园里欣赏早上第一缕阳光洒在湖面的景象；比如弹钢琴，弥补幼时的遗憾，自己精神世界也得以滋养；比如插花，接触大自然和艺术，陶冶自己的性情……

每一位妈妈都要明白，你不仅是一个妈妈，一个妻子，你还是你自己。爱孩子的同时，更要爱自己。让自己衣着大方，妆容得体，内涵丰富。你不断地学习、充实自己，向上的劲头也会感染孩子；你对自己的要求和努力，也会让孩子引以为傲。童年时期，每个孩子都会对妈妈有着本能的依赖，也就决定了妈妈对孩子意义深远的影响力，在育儿的路上，和孩子相伴，互相成就更好的彼此。

母子关系决定了儿子和异性的关系

母亲是男孩生命中接触的第一位女性，**与母亲的关系，互动、相处的模式潜在地塑造了男孩未来与异性相处的模样。**

精神分析学家阿兰布拉克尼耶描绘了五类母亲的形象，并总结了每一类母亲对男孩与异性的关系产生的影响。

第一种：情人型母亲

特点：儿子的言语、行动、日常点滴在她眼里都是美好的，她为儿子的各种优点以及各种成绩而自豪不已。她愿意为了儿子牺牲所有，同时她希望儿子在各个方面都做到最好，她不能容忍儿子平庸，儿子是她所有的男性理想。

影响：母亲的欣赏和称赞常常令儿子拥有非常牢固的自信，能够勇敢地面对生活中的困难，但是他在感情方面的要求会很高。他会要求另一半能够像母亲一样为他做出牺牲并崇拜他，而这种概率往往不是很大。

第二种：过度保护型母亲

特点：这类母亲占有欲强，自儿子幼时，便与儿子亲密无间，任何事情都要与她分享，喜欢干涉儿子的生活。在生活中，她会时不时地吓唬儿子，让他意识到周边环境的危险，又会给予儿子温暖、宠爱和鼓励。

影响：这样成长起来的儿子，对母亲有深刻的情感依赖。母亲的强势，使他的情感发育不够成熟，也难以与别人建立亲密关系。对母亲的迷恋，会让他与其他女子都保持较远的距离，而他的伴侣也往往不会得到婆婆的认可。因此，他会选择天真单纯的女子做妻子，因为这样的女子更容易被母亲接受。

第三种：疏远型母亲

特点：她比较自卑，认为自己不具备为人母亲的能力，所以她觉得自己的一切建议、想法、情绪都可能对儿子造成潜在的危机。所以，纵使她们内心很爱儿子，却变现得非常疏离，对待儿子冷漠。

影响：自幼没有得到母亲热烈的爱的儿子，长大后生活得非常谨慎，难以信任女人，总是变得冷淡，经常对爱情和性生活采取玩世不恭的态度。

对他而言，一位热情开朗、能够给他安全感的女人，是最好的伴侣选择。

第四种：强权型母亲

特点：母亲总爱和男人一争高下，渴望将男人置于自己的权威之中。在家里，她专横、霸道，掌握家中大权。

影响：儿子长大后，会在两种状态间游离：一是躲避这种女人，二是和这种女人相处，重温当年与母亲的控制游戏。

不过，他对女性的屈从也是有限的，一旦自己的自尊受到攻击，他会用语言或者精神暴力，把所有母亲给他的压制和侮辱报复在妻子身上。

第五种：和蔼型母亲

特点：这类母亲往往生活在一个幸福的家庭当中，因为她获得伴侣足够的爱和关注，无须对儿子强加太多的要求。她关注儿子的心声，懂得保持距离，不会操控和干涉儿子，也不会对儿子的伴侣挑三拣四。

影响：这种母亲能够培养出真正自信的男人，他拥有足够的男性魅力，也能够生活得幸福和快乐。他懂得接受和表达自己的情绪、展示自己的魅力，不会欺骗和控制伴侣。

在同一位母亲身上，可能同时拥有这五种类型的母亲的特点，其中一种会比较显著地表现。

弗洛伊德认为："母亲与儿子之间的关系建立在一种任何竞争对手都不可能动摇的自恋的基础之上。"布拉克尼也说："母子关系是唯一没有竞争的关系，而且将对男孩子长大后的爱情生活产生决定性的影响。母子关系不仅仅包含了依恋、吸引、欲望和快乐，更是由母亲投射的男性理想和母亲传递的自己与男性的关系塑造而成的。"

所以，**对母亲而言，健康地表达母爱在养育男孩的过程中尤为重要。**爱孩子，却不一味地拔高；指导孩子的问题，却不控制；认可、疏导孩子的情绪，却不压抑；关心孩子，但给孩子留有空间。

对男孩来说，他对母亲的感情为他此后与所有其他女性的交往确定了范例。如果他与母亲有积极的互动，他就会更加信任姐妹、女友和女性老师。反过来，如果他不相信母亲的爱，或者对母爱感到捉摸不透，就会影响他对异性之爱的看法。所以，养育男孩，不仅是养育男孩而已，更重要的意义是，启迪男孩成长为一个男人。

发现男孩心中的男子汉

周末去朋友家玩，一进门，就看见朋友的儿子噘着嘴坐在沙发上，抱枕蒙着头，看见我来了，扭头走进了自己的房间。

朋友一脸的无奈，她告诉我："早上和儿子一起去超市买东西，忘了买他爱吃的巧克力，这不，就发起脾气来了。"

"这孩子脾气还不小哩！"我笑着说。

朋友说："稍有不顺心，就要大发脾气，你如果批评他，他就哭。唉，我很发愁，这样下去，他还能成为男子汉吗？！"

跟朋友有同样困扰的妈妈不在少数。她们希望孩子正直、勇敢、有担当，可现实中孩子往往爱哭、任性、自私……有时候，妈妈们也迷惑，男孩到底梦想着成为什么样的男人？

美国艾格里奇博士认为，男孩与生俱来有六大愿望：

1. 工作和获得成就。

2. 供养、保护甚至牺牲。

3. 刚强，拥有领导力和决断力。

4. 分析问题、解决问题，提供建议。

5. 获得肩并肩的友谊。

6. 有正确的性观念和性知识。

这些愿望与他的男性特质息息相关。面对生活中的一个个小霸王、臭脾气、爱哭鬼，妈妈们怎样激发孩子的男性特质，成为顶天立地的男子汉呢？

树立孩子的英雄梦

妈妈平时积极地对孩子进行性别教育，帮助他了解男孩和女孩的区别，告诉孩子男子汉应该具备哪些优秀的品质。给他讲男子汉的故事，看英雄主义题材的电影和绘本故事，让他拥有正义感，树立英雄梦。很多四五岁的小男孩会把自己打扮成奥特曼、孙悟空，说："妈妈，我会保护你。"妈妈可能觉得孩子是在模仿电视里的人物形象，其实，孩子已经产生了强烈的愿望，他要成为有力量的、令人敬仰的英雄。

给孩子积极的映射

孩子从不怀疑从妈妈那里得到的评价，所以妈妈否定的反应很容易扭曲孩子的自我形象，给孩子带来负担，比如懒惰、自私、不负责、不体谅他人等。父母说自己的孩子笨、懒、撒谎，却指望这样的评价会激发孩子成为聪明诚实、勤劳的人，显然是不可能。

案例 1：儿子把蛋糕放在自己的盘里。

反例：妈妈指责道："你太自私了！家里不是就你一个人！"

正例：妈妈说："儿子，蛋糕要分给 4 个人，每人 1 份哦！"用正面的话语引导孩子注意自己的问题。

案例 2：妈妈发现儿子把地面弄脏了。

反例：妈妈指责道："你看看你，又把地弄脏了，成天跟在你后面收拾卫生！"

正例：妈妈说："儿子，我想咱家的地面又需要你打扫一场了。"儿子扫完后，妈妈摸着儿子的头，笑眯眯地说："你长大了，都能帮妈妈干活了，有儿子真好！"

分担家务

妈妈要懂得向孩子示弱，小一点的孩子可以让他帮忙倒垃圾、洗水果，大一点的孩子可以让他扫地、拖地、洗碗等。有的家长为了让孩子干活，会给孩子支付一定的"工钱"，这种做法并不可取。要让孩子知道，他作为家里的一分子，理应承担部分家务，这是作为家庭成员的责任和义务。孩子在承担责任的同时，也会产生自豪感、成就感。

妈妈可以通过比赛的方式来吸引孩子产生劳动的兴趣。比如，吃完饭，妈妈说："儿子，咱俩一人擦一边桌子来比赛，看谁把桌子先擦完。"或者"我数 100 个数，看你能不能把地扫完。"

树立团队意识

让孩子多参加集体活动，培养团队协作能力。培养一些能够提高受挫能力的爱好，比如足球、篮球等；参加一些锻炼胆量的活动，比如夏令营、演讲、表演等。

承担后果

在孩子惹出麻烦时，妈妈要给他们机会让他们自己解决。比如阴雨天忘记带雨伞，妈妈也不要再去给他送伞。这样他放学时，就会意识到粗心的后果，而同时，也锻炼了他的处事能力。他可以找同学借伞，或者和同学结伴回家，或者去小卖部赊一把伞等，当然，他也可能淋着雨回家，但是，这是他应该承担的后果，就让他体验吧。让孩子"自食其果"，孩子才能成长为一个有担当的人。

榜样作用

孩子究竟能够学到多少我们希望他们知道的东西，取决于他们内心对于我们教导的情感的反应。妈妈可以选择一些有意义的绘本故事、英雄故事，讲给孩子听。通过这种有趣的、喜欢的方式，让孩子吸收故事背后的意义。

另外，要在日常实践中给予孩子榜样的力量，多带孩子接触积极的、乐观的人，孩子往往能够被那些他们爱戴、尊敬的人同化，通过模仿尊敬的人的行为，来吸收他们的价值观，并内化成自己的一部分。

选择权

如果没有尊重，责任的教导就会误入歧途。从小要在跟他们有关系的事情上让他们有发言的机会，如果必要，让他们自己做出选择。发言和选择有细微差别。有些事情完全在孩子自己的责任范围内，在这些事情上，孩子有选择的权利。有些事情在我们的职责范围内，但是对孩子的利益有影响，所以孩子有发言权，但是没有选择权，决定要由我们来做，同时帮助孩子接受必然会发生的事实。

我们可以制造出一些场景让孩子参与选择。"你想喝豆浆还是稀饭？""想买这个玩具还是另一个？""想玩沙子还是画画？""喜欢这件衣服还是另一件？"这样的选择让孩子懂得思考自己的需求，学会对自己的事情负一定的责任，他不仅仅是单纯地接受命令，而是自己生活的决策者。

养育男孩，要懂得：跌倒了，告诉他自己爬起来；胆怯了，告诉他再试一下；犯错误了，告诉他好汉做事好汉当；后悔了，告诉他人生没有白走的路。父母要善于启迪引导，帮助孩子华丽蜕变为顶天立地的男子汉。

少唠叨，更知心

儿子从幼儿园中班放学回到家，妈妈问："今天在学校玩得怎么样？"

儿子说："不错。"

"今天你和哪个小朋友一起玩？"

"没有。"

"有什么有意思的事给妈妈讲讲吗？"

"没有。"

在儿子上小班时，家里的对话就是这样，妈妈认为孩子太小，可能不会学舌，可是上了中班还是这样。妈妈想起自己小的时候，放学回家最快乐的事情之一，就是把学校里发生的事跟自己的妈妈分享，妈妈很困惑："平时下了班，我经常陪着儿子玩，亲子关系不错，可儿子为什么不愿意和我交流？"这天，去逛街时，正巧碰到了朋友，朋友说，女儿每天放学都会告诉自己幼儿园发生的趣事。听完朋友的话，妈妈更忧虑了。

妈妈热情地发问，想知道孩子的一切事情。但是他们却听到儿子说"我们现在能别说话吗""没有什么好聊的"。

女性的一个信念是，贴心的关系来自交谈。她们往往认为，坦诚地说出自己的感受，会使双方的关系更为融洽。这种信念导致妈妈们心中理想的亲子关系就是和孩子交流，没有沟通就没有理解和亲密，双方缺乏交流就是缺乏情感连接。

但男孩发展融洽关系的方式并非如此。作为男性，他往往不记得谈话或者事情的详细内容，也不像女孩那样渴望和别人交流。儿子对妈妈感兴趣的话题没有什么话好说，特别是对把事情复述一遍毫无兴致——已经过去的事情有什么好谈的呢？**男孩的情感连接来自共同参与的活动，而非交流。他们的亲密关系来自完成某项任务时，肩并肩的共同活动。**所以，想要与儿子建立亲密关系，最重要的一点是，避免直接提问，和他在一起肩并肩地从事他感兴趣的活动，无须太多话语！

那么，妈妈们应当怎样和男孩们相处呢？

少开口，多陪伴

小一点的孩子放学回家，你可以充满爱意地冲他微笑，抱抱他。如果孩子提起幼儿园的事情，就做一个好的听众，如果孩子没有说，就什么也别问。可以陪孩子讲讲故事，或者打打球，如果孩子想自己玩玩具或者画画，你可以坐在一边陪伴他，或者去干一些自己的事情。

很快，你就会发现，孩子不再烦躁，他感觉到你对他的尊重，变得非常合作，吃饭时甚至都不用你说教了。

如果孩子大一些，你不妨在他玩游戏或者看足球时坐在一边，你会发现，你的话越少、效果越好，孩子反而会主动地给你讲起某个足球运动员的新闻，或者朋友的什么趣事。

做榜样，少说教

试想一位妈妈，地上脏乱不去收拾，喊来儿子说："要做个热爱劳动的好孩子，去，拿扫帚把地上打扫干净。"儿子会怎样反应？他肯定想："你自己都不去收拾，还要求我？"相反，如果这位妈妈平时地上脏了就拿笤帚扫干净，那么她无须多言，儿子看到自己弄脏了地面，也会拿起扫帚收拾。这就是榜样的力量。

在游戏中与孩子沟通

男孩子天生喜欢游戏，在游戏中寻找快乐，妈妈可以通过游戏的方式来了解孩子。比如三四岁的孩子喜欢玩角色扮演，妈妈就可以和孩子一起玩这个游戏，提议扮演老师和幼儿园的小朋友，玩着玩着，孩子就会说出很多幼儿园的小故事了。也可以玩成语接龙、机智问答、谜语故事、绕口令比赛等，既能增加孩子的智慧，还能促进亲子交流。

在故事里沟通

《故事知道怎么办》的作者、澳大利亚资深幼儿教师苏珊说："所有的孩子都有行为不当或令人不快的时候，而所有的故事都可能有治疗作用。如果一个故事让人发笑，笑的人就得到了治疗。如果一个故事让人流泪，泪水也同样具有疗效。"比如说，针对 4 岁的男孩爱打人的情况，苏珊编了这样一个故事，有效地改正了孩子的攻击行为。有一匹小红马，身上又痒又不舒服，它不停地跳和叫，吵得其他的马也不安生。有一天晚上，毛刷子告诉小红马一个秘密：傍晚如果静静地待在马房里，农夫就给它刷毛。于是小红马努力控制自己乱动的冲动，等待着农夫给它刷毛。刷好毛之后，它身上所有的痒和不舒服都不见了。它比以前更欢快了，每天晚上都能睡得香甜。

针对孩子表现的问题，可以编造不同的故事。比如说孩子胆小，就给他讲小兔子如何克服自己恐惧心理的故事；如果孩子不喜欢和人交往，就可以给他编一个小白马找朋友的故事；如果孩子没礼貌，就给他讲懂礼貌的小松鼠的故事……在故事里教给孩子道理，在故事里给孩子树立好榜样。

母亲要想和儿子建立良好的亲子关系，一味地"蛮干"不行，"随心所欲"也不行，要用孩子感兴趣的方式、他能够接受的方式和他沟通交流，这样，才有事半功倍的效果。

好母亲都懂积极倾听的艺术

在成年人的世界里，你会发现，懂得倾听别人讲话的人，特别受欢迎。因为他们无论对方的身份地位怎样，总能够耐心、专注地倾听每一句话，让对方深感重视。成人的世界如此，孩子的世界也如此。那么，对于孩子说的话，怎样做到积极倾听呢？

积极倾听是观察并倾听孩子的感受，让孩子感觉到你对他的理解。要做到积极的倾听，需要注意以下几点：

别随意打断孩子的话

或许孩子一开始说东说西让你听得云里雾里，你也要继续听下去，看他到底要表达什么意思。切忌不等孩子说完就武断地下结论。

表现出听的兴趣

心不在焉、东张西望或者摆弄指甲，当孩子感觉到你的不在意和不尊重时，就不会愿意再和你聊天了。保持良好的姿态，孩子说话时，停下手里的工作，目光平视，看着他，观察他的表情、语气、手势并及时做出回应。

适时地复述

简单复述下孩子说的内容，明确表达孩子的感受，并及时提问，激起孩子继续倾诉的欲望。

懂得体会孩子的感受

注意体会孩子的心情，如果孩子说了一件伤心的事，你最好表现得很难过，并加以鼓励；如果孩子说一件高兴的事，你也要露出笑容。如果可能，你也可以说一个自己经历的类似的故事，让孩子知道，拥有这种想法或这种遭遇的并非他一个人。

比如：

儿子学了几节街舞课后，妈妈问："感觉怎么样？你喜欢跳舞吗？"

"我非常不喜欢。"儿子说。

"跳街舞对身体有很多好处呢，你怎么会不喜欢学呢？你看那谁，跳得多好啊！"妈妈说。

这种说法犯了沟通的大忌，即否定了孩子的感受。不管家长对孩子表达的情绪是否赞同，都应予以肯定。孩子作为一个独立的个体，拥有自己决定喜恶的权利，家长不应过度干扰，否则，孩子就会觉得自己的感受不重要，产生极低的存在感。

不妨换成以下说法：

"嗯，你上课上得并不开心。"（表达孩子的感受）妈妈说，"你能和我说说为什么吗？"（了解更多信息）

"太难了。"儿子说。（获得线索）

"嗯，是真的很难，妈妈也觉得。如果让妈妈跳，妈妈肯定也会犯很多错误。"妈妈笑道，"不过，很多事情刚开始的时候都很难。"妈妈继续说，"就像你刚开始学数数，从1只能数到10，现在你能熟练地数到100。你看弟弟，一开始不会走路，总是摔跟头，现在走得这么好了。任何事情的学习都有个过程，都是慢慢地学会的。"（通过举例，把道理教给儿子）

听了妈妈的话，儿子感觉好多了，他笑着说："嗯，弟弟原来不会说话，现在都会喊'哥哥'了！"

儿子中午吃完饭，妈妈要求他睡午觉。

正在玩玩具的他生气地说："不，我不去！"

"如果你不睡午觉，下午会困的！"妈妈说。（孩子在生气的时候，是听不进去道理的）

可以换成下面的说法：

妈妈说："嗯，你去睡觉的话，就没法玩玩具了，你正玩得高兴呢。"（不带评判的回应，带孩子探究自己的感受）

儿子的感受得到回应，抬头看着妈妈。妈妈继续说："对了，上回那个小白兔的故事还没讲完呢，快走啊，我们赶快到床上去！"（转移注意力）妈妈拉着儿子的手向床走去（坚定地执行），儿子没有反抗。

4岁的儿子回到家，使劲儿把门关上，说："我以后再也不和乐乐玩了！"

"你看上去很生气，小伙子。"妈妈平静地说。

"他把我最喜欢的小火车抢走了！"儿子气愤地说。

"嗯，你最喜欢的玩具被抢走了，你一定伤心极了。"妈妈说。（继续映射孩子的感受）

"是的。我以后再也不理他了。"说完，儿子拿起皮球，拍了起来。

卡尔·威特说过："倾听是一种非常好的教育方式，它对孩子来说是在表示尊敬、关心，它也能使孩子充分地认识自己的能力。"倾听在家庭教育中起着不可替代的重要作用，只有那些能耐心倾听男孩讲话的母亲，才能很好地与男孩沟通，了解男孩的心声。

积极的倾听并非让你赞同孩子的感受，但是它能让孩子感觉到自己被听到、被理解，它给予孩子探究自己真实情绪以及自己思考解决办法的途径，而非说教、贬低孩子的感受。

敢于放手，给父亲养育儿子的机会

硕硕有个好朋友，他的妈妈给我倒苦水，说不愿意跟她分享幼儿园的事，有一次说，他在幼儿园里交了一位好朋友。可当妈妈问："他家住在哪里啊？"

"不知道。"

"他有兄弟姐妹吗？"

"不知道。"

妈妈感到难以理解，孩子对他好朋友的重要信息却一无所知。其实，男孩与小伙伴的友谊对他很重要，但是这与他的家庭无关，他以后可能会了解，但他并不热衷于打听。

妈妈问孩子爸爸："最近你跟儿子相处得怎样？"

"挺好的。"

"你们聊了什么？"

"没什么。"

他们或许谈了些新闻，或许谈了些学习上的事情，但是如果告诉妻子这些，就意味着要把这些话给妻子重复一遍。男人懒得重复，他们没有女人这么大的劲头把同样的话翻过来倒过去地讲。

　　著名的语言学家黛博拉·坦南曾做过一个研究，在这份研究中，她以四个年龄组的男性和女性为目标进行了一系列的实验，每组实验对象都是彼此的好朋友。这些人分别是二年级学生、六年级学生、高中生学生和 20 岁左右的青年人。实验过程对所有人都是一样的：每组实验者单独走进一间屋子。他们被告知坐在椅子上，等候指令。研究者在实验者不知情的情况下，用视频记录下他们的一举一动。随着实验的进行，研究者发现，所有的女性，无论年龄如何，都做出了相同的反应。她们面对面坐下来，身体前倾，开始谈话。而男性的反应则与之不同：他们并不是面对面坐着，而是并排坐着，目视前方，只是偶尔才看彼此一眼。由于女性会转身面向彼此，甚至会掉转椅子的方向，好面对面地交谈，研究者推测说她的谈话应该是非常私密的。

　　当男人并排而坐时，他们的谈话是公开透明的。男人并不害怕透明的谈话，他们害怕的是丢脸，被拒绝或被训话。他们怕失去尊严。

　　男人们将语言交流视为功能性的，而非交际，一旦信息交换完成了，他们的谈话也就结束了。许多妈妈们觉得难以理解的事情，爸爸却很容易地明白，因为他们的思维是一致的，而且随着年龄的增大，男孩和爸爸之间会有更多的兴趣。

　　所以，妈妈们不妨适当放手，让爸爸们参与到育儿的过程中来。很多妈妈看到这里，可能会说："我倒是很想放手，关键是孩子爸爸不接手啊！"

　　其实，放手也是需要一些技巧的。妈妈们要以尊重的方式，引导爸爸们参与到教育儿子的过程中来。

尽早开始，并随时创造机会

　　在怀孕时，不妨让准爸爸参与购置宝宝的衣物等，渐渐地，爸爸就会非常期待宝宝的到来。宝宝出生后，从最简单的事情开始，让爸爸对照料孩子产生兴趣。如洗尿布、换衣服、冲奶粉，妈妈可以说自己太累了，或者头疼，或者忙不过来，让爸爸去做。一开始可能做得并不好，妈妈要及时给予鼓励，让爸爸有成就感，慢慢地养成了习惯，爸爸就会将这些家务看作"自己的分内事"了。妈妈想让爸爸抱会儿宝宝时，可以说："宝宝看到爸爸笑得好开心啊，好想让爸爸抱抱啊！"妈妈要做个有心人，只要是有机会，就要让爸爸帮忙带孩子。

比如说，出门时，哥哥和弟弟都喜欢让我抱。我就会说："我抱弟弟，爸爸抱你，看我们谁高。"哥哥知道爸爸更高，就会主动到爸爸怀里去。孩子爸爸也会主动地说："咱们比赛，看谁跑得快。"这样，两个孩子之间的很多争论都不知不觉地被解决了。现如今，如果到了野外，爸爸就会陪两个孩子去寻宝；到了足球场，无论太阳多大，天气多热，爸爸也是耐心地陪孩子们玩球；到了河边，爸爸还会挽起袖子，陪孩子们玩沙子。

育儿经验及时交流

看到什么育儿经验，不妨和孩子爸爸分享一下，碰到孩子什么问题，也可以一起想对策。比如硕硕小时候胆小，为了让他胆子大一些，我俩用头脑风暴的方法列出了很多主意，而实施起来更多的是爸爸的参与，比如带孩子参加男人的聚会，带他去人多的地方玩，跟孩子玩打架的游戏，带他出门旅游，带他在众人前演讲、表演等。男孩需要爸爸带领他去感受力量、感受魄力、感受男人的世界，他需要见识爸爸的力量。

平时我看到什么好的育儿方法，也会第一时间分享给爸爸，日常发现对方哪里做得不好，也会及时提醒。时间长了，两人在教育孩子上便有了默契，互相给予支持。

把主动权交给爸爸

他爱玩手机，一天到晚手机不留手。有一段时间儿子也迷恋上了看手机，我就跟他说："儿子总这样怎么行呢？大好的时光都被浪费了。"他也害怕儿子迷恋电子产品，着急道："那可怎么办呀？"我有主意，但是故意不说，引导他自己思考。最后我说："家里的氛围很重要啊，如果大人都爱看手机，儿子也会觉得手机有意思；如果大人爱看电视，儿子也会想看动画片。儿子和大人是一样的，大人尚且控制不住自己爱玩电子产品，凭什么要求儿子做到呢？"

他听了，也觉得有道理。他说，那我们以后回家就把无线网断了，电视关上，手机收起来。做游戏、看看书、玩玩具，好好地陪儿子。因为是自己决定的事情，从那以后，他果真很少动手机了。

所以，妈妈们不妨多动动脑子让爸爸们更多更好地参与到养育儿子的过程中来。心理学家弗洛姆在《爱的艺术》中说："母亲代表大自然、大地与海洋，是我们的故乡。父亲则代表人类生存的另一个极端——思想的世界，法律、秩序和纪律等事物的世界。"要想教养好孩子，既要让他感受到母爱的滋润，又要让他感受父爱的威严，这样孩子才能得到更全面的滋养。

第五章

父亲应该怎么做

"父亲虽不代表自然世界，却代表人类生存的一个极端，
即代表思想的世界，人所创造的法律、秩序和纪律等事务
的世界。
父亲是教育孩子、向孩子指出通往世界之路的人。"

父亲，对男孩意味着什么

在南非国家公园里，管理人员发现了这样一个现象：年幼的雄象越来越有攻击性，在没有受到任何挑衅的情况下，它们也会凶狠地攻击附近的白犀牛，击倒它们，残忍地用脚踩死。

可是大象自古以来都是一种非常温驯的动物，极少主动发起攻击。管理人员百思不得其解，最终，他们找到了答案：原来政府为了维护公园的生态平衡，把成年公象全部猎杀掉，这就导致了所有的小象都没有父亲。成年公象对幼象成长非常重要，因为成年公象会管好这些小象，并为它们与其他动物和平共处提供榜样。失去了榜样的影响，年幼公象潜在的攻击性就毫无节制地释放出来，并在象群中蔓延。

由此可见，**父亲早期监督和纪律管束的缺乏往往会带来灾难性的后果**，对大象来说是这样，对于男孩而言，也是如此。男孩对男性的认识，往往都是从父亲开始的。父亲对男孩的影响，主要表现在以下几个方面：

父亲的教养方式更符合男孩的发展需要

母亲经常与孩子玩孩子习惯的游戏，而父亲则吸引孩子玩那些具有力量感的、刺激身体的和不可预知结果的游戏；在孩子遇到困难时，母亲往往立刻帮助孩子，而父亲却喜欢让孩子自己想办法解决；母亲总想保护孩子，担心孩子会不小心受伤，禁止孩子从事稍微危险的活动或者略复杂的事情，父亲则会教育儿子勇敢和坚强，会让儿子参与修理家电、爬山、赛跑等活动，感受男性的力量。在生活中，父亲的教养方式，往往更能满足男孩的天性，更符合男孩的成长规律。

父亲往往更能理解男孩

儿子和父亲有着相同的性别，儿子成长中所面对的难题，父亲也曾经困惑过；父亲成长的经历与经验，更有可能帮助儿子解决问题。相似的身体结构和成长经历，令父亲在潜移默化中影响儿子。

毕加索是犹太人后裔，他的作品对现代西方艺术流派有着很大的影响，在他小的时候，艺术天赋就很非凡，还创作过很多惊人的绘画作品，但是学习成绩却一塌糊涂，他无奈地对父亲说："一加一等于二，二加一等于几，我就不知道了，我就是算不出来。"因此，他成了同学捉弄的对象，就连他的老师也认为毕加索智力低下，劝他退学。面对嘲笑和议论，他的父亲却不那么认为，他坚信儿子虽然读书不行，但是绘画是极有天赋的。他说："算术不好并不代表你一无是处，你是个绘画天才。"父亲每天坚持送儿子去上学，一到教室，父亲就把准备好的画笔和用作模特的死鸽子放在他桌子上。那段日子里，父亲成了他的心理依靠，而毕加索在父亲的鼓舞下，终成了一代名家，被称为"人类艺术史上罕见的天才"。

父亲向儿子展示男子汉该有的样子

研究表明，为了形成健康的男性性别认同，男孩子需要把自己的父亲看作一个积极的管教者、家庭的决策者。父亲疏导他们的男性气质，教他们懂得分寸，并为他们树立自制自律的榜样。父亲的指引，让儿子看到未来的方向；父亲的管教，让他学会平衡和理智；父亲的品格，让他懂得帮助和分享；父亲的自律和力量，让他学会保护自己和他人。因为有个男子汉在养育他，他自己也会成长为男子汉。

父亲的陪伴有助于儿子智力方面的成长

怎样培养孩子的品质，如何有效地开发孩子的潜力，父亲心中一般是有规划的；母亲则要弱一些，大多数母亲对孩子有较高的期望，但实施起来往往无计划、无组织、力不从心。在知识面上，父亲也往往广于母亲，父亲能带领孩子涉猎得更多更广泛，比如历史、地理或者各地的风俗习惯；而母亲更喜欢给孩子讲童话，社会知识较少，在拓宽孩子视野上稍逊一筹。

世界卫生组织公布的一项研究表明，平均每天能与父亲共处两个小时以上的孩子，要比其他的孩子智商高。

共有的男性骄傲

父子关系的奇妙之处就在于，双方都在不知不觉地朝某个相同的目标努力：父亲希望儿子能够汲取自己的优点，这样他就能变得"不朽"；而儿子则希望他的个性中融入父亲的个性。这两种愿望都源于每个男人所固有的男性骄傲。儿子需要的，是父亲认可他的存在，爱他、尊重他。儿子通过父亲的情绪、语言、强调来了解父亲对他的看法。所以，父亲有必要用语言和行动来告诉儿子，他的人生是有价值、有目标的，未来的人生会证明他的价值。

哈佛大学的心理学家威廉·波拉克认为："父亲在帮助孩子控制自己的情感方面起着关键作用，如果缺乏父亲对孩子的纪律教育和监督，缺乏教育孩子怎样做男人的机会，那么男孩在遭受的挫折时，就会出现各种暴力行为和其他各种反社会行为。"一个有远见的父亲，会帮助孩子预见未来；一个开明的父亲，会鼓励孩子坚持自己的选择；一个乐观的父亲，会更多地让孩子看到生活中的阳光；一个好父亲，会像灯塔一样，照亮孩子未来的路。父亲在男孩的成长过程中，有着不可替代的作用。

父亲的角色：爱与管教

　　有一位父亲最近很郁闷，他看了很多亲子家教的书，得知父亲在男孩子成长过程中的关键作用，他很想弥补原来的疏忽，好好地陪伴孩子。可是儿子似乎不太领情：他带儿子出去玩，儿子喊着找妈妈；一起出去吃饭，儿子也要坐在妈妈的旁边，离他远远的。他想，为啥儿子就是不跟自己亲呢？

　　父亲们或许都知道，他们很珍爱自己的儿子，但他们往往不善于表达爱，再加上男孩子天生淘气，精力旺盛，他们对儿子更多的是发怒、批评或者贬斥。所以，儿子往往非常惧怕父亲，生怕一不小心父亲就冲自己发火。而母亲生性温柔，使得很多男孩更愿意和母亲相处。

　　那么，父亲应该怎样向孩子表达父爱？

　　小孩子们犯的错误会造成麻烦和损失，许多这样的错误是父亲无法掌控的。但是父亲却可以控制自己对这些错误行为的反应。

　　小男孩 5 岁了，骑着儿童自行车出门玩，没有注意地上的洼坑，结果摔倒在地，新买的自行车车筐摔瘪了。父亲看了，火冒三丈，他第一反应是想张嘴大骂："这么不知道爱惜东西吗？！路上有坑你不会停下来啊？"还没开口，他低头看到孩子恐惧的眼神，满是不安的神情，立即意识到自己平时对待孩子太过于严厉了，让孩子很惧怕。于是他调整心情，强压住怒火，说："看到你没受伤我很高兴……"此时，没有什么比这话更能安慰人了。小男孩看到爸爸更关心自己的安危，他明白了对于爸爸来说什么更重要，他感受到了爸爸浓浓的爱，父子关系变得更加紧密。

看到这里，很多父亲疑惑，孩子犯错了，就应该批评，如果不批评，会不会让孩子变得不守规矩？

其实，小男孩摔倒在地，并且自行车车筐摔瘪了，他已经得到了教训和经验。做父亲的，在孩子犯错时要有个宽容的态度，尤其在非原则性问题上。

我们把孩子的行为分成三个不同领域：

第一类是我们希望并且认可的行为。这类行为是我们喜欢的，乐于见到的。比如，孩子乐于分享，自信地登台表演，和同学和睦相处，等等。

第二类是不认可但是出于某些原因可以忍受的行为。比如因为刚掌握某种技能由于不熟练而导致的出错。比如孩子拿到新车去骑，因为没有掌握足够的技能而摔倒。比如1岁的孩子，尝试着自己拿杯子，但是因为手部力量弱，杯子摔在地。

第三类是原则问题。无论如何不能容忍、必须制止的行为，比如男孩子抽烟、欺负小朋友、破坏公物、说脏话骂人等。

对于前两类问题，我们要有一个宽容的态度，男孩子总归是调皮的，白色的衣服穿在他身上，很快就会变脏；外出时他会蹦蹦跳跳，爬上爬下；下雨时会故意往水洼里踩……**宽容是允许孩子有各种情绪和愿望，接受想象的和象征性的行为，不管内容如何，都应被尊重。容许孩子犯错，孩子有权利在不断地试错中成长。**

而对于孩子的破坏性行为，比如公共场合大喊大叫、打人等。父亲要讲原则，对孩子的行为要做出限制。父亲往往比母亲威严，在制定规则时，更容易令孩子信服。在制定限制时，要注意以下几点：

告知什么是不可接受的行为

比如：在车上要坐好，不能大喊大叫；不能随地大小便；碰到红灯要停下来，不能在马路上乱跑。

什么替代行为是可以接受的

比如：你不能打人，但可以打枕头；小车是用来推的，弟弟不是；你不能摔盘子，你能摔球。

态度要坚定，不能模棱两可

孩子都非常聪明，他会观察你的神色来决定自己是否要遵守一件事。你的态度越坚定，他越可能执行。

表达权威，要注意孩子的自尊，不可以侮辱孩子

比如：儿子跟父亲去商场，他说："我想要买个电动汽车。"

父亲如果说："家里都已经有那么多车了，还要买？你什么时候能长大？该懂得控制自己的欲望了。"就会伤害孩子的自尊，不利于亲子关系的和睦，当孩子要求什么东西时，而我们出于预算或者别的原因要拒绝时，我们至少要承认他想拥有这个东西的愿望。

父亲可以这样说："你想要个电动汽车，但我们的钱有限，你可以买橡皮泥或者饼干。"

儿子可能接受，也可能生气，但不管如何，父亲要坚持自己的限制："你非

常想要电动车，我也很希望能买给你。"让儿子知道，他的愿望是美好的，父亲也很赞同，只是由于一些客观原因没法买给他。如果他还是不依，父亲可以严肃地说："就算你在地上打滚、哭闹也是没有用的。"孩子看到父亲坚定的态度，就会懂得这件事情的界限在哪里了。

语言简洁

"不是周末的晚上不能去看电影"比"你知道不是周末的晚上，你不能去看电影"效果好；"该睡觉了"比"明天要上学了，抓紧到床上去"要好。

很多父亲头疼的是，限制设立得很清楚，孩子还是会时不时打破规矩，怎么办？这时父亲应当避免陷入和孩子的谈论中去，不跟他啰唆、争辩，只需坚定地表达立场。

晚上8点半，儿子要去朋友家玩。"不行，"爸爸说，"明天你还要上课。我们以前约定过不是周末晚上不能出去玩？"儿子说："我和朋友约好了，我们好几个人一起去的。"央求了几个来回，爸爸同意了，临走前，儿子保证10点前一定回来。可是到了10点半他才回家，爸爸和他大吵了一架。爸爸觉得，儿子没有信守承诺，他没有意识到，他让儿子出去就已经打破了规矩，所以儿子认为，既然规矩可以打破，那么承诺也可以不算数。

所以，父亲应该为孩子提供一个大的原则来控制孩子的冲动，给他们提供限制，把他们的精力引导到更有意义的方向。父亲是威严的，他制定的规则应令男孩严格遵守；父亲象征着一种力量，约束男孩的行为，并指引他朝好的方向发展。

训练始于家庭，教育男孩更应如此。父亲对孩子管教要严格，哪怕是小错误，也不应轻易放过。但每次批评之后，要安抚他、开导他，让他感受到父亲的爱，不会对父亲心生畏惧，产生抵抗心理。**一个好父亲，既要懂得如何表达爱，又要懂得如何立规矩。严与爱结合的教育，最能建立真正的威信。**

别让忙碌成为逃避养育孩子的借口

在中国，对男孩的教育中，存在着这样的问题：教育女性化。家庭教育中，妈妈起着主导作用；进入幼儿园，老师几乎全是女性；进入小学、中学，女教师占大多数；进入大学后，男女教师的比例才大体均衡。当然，这和女性认真、仔细、体贴等先天的优势有关。然而，这种情形却造成了男孩子成长过程中男性教育的严重缺失。学校教育中男女比例的失调，一时间无法改变，这就需要家庭教育中，爸爸承担起更多的责任，为孩子补充相应的教育营养。

但是据调查显示，高达77%的父亲每天陪伴孩子的时间在1个小时以内，仅有9%的孩子有爸爸陪伴超过3个小时。1岁以内的婴儿得到父亲的陪伴最少。《三字经》里有一句话："养不教，父之过。"但是亲子园、游乐场、公园、超市全都是妈妈在陪伴孩子，爸爸的身影少之又少。

爸爸们去哪儿啦？白天工作、晚上应酬、周末加班、饭桌、牌局……总之，有各种理由让父亲疏于陪伴孩子。这种现象最根本的原因是父亲的自我认知：他是把自己看作对孩子有重要影响的人，还是母亲的替补，仅仅在母亲忙碌时打打下手？

如果一个男孩长时间接触不到父亲，感受不到父爱，他会迷失方向，担心

116

自己，强烈焦灼的情绪让他们感到不安，并将他们推向歧途。很多男孩为了使自己有机会和父亲接触，会用一些过激的行为来吸引父亲的关注，甚至是撒谎、偷盗、打架等不惜伤害自己和他人的行为。研究表明，长期接触不到父亲的男孩会产生女性化倾向；与父亲接触少的孩子，体重、身高、动作等方面的发育都比较落后，很可能患上"父爱缺失综合征"。患有此症的男孩主要表现出过分怕羞、情绪沮丧、自暴自弃、不爱集体、厌恶交友、喜怒无常、害怕失败、感情冷漠等特点，严重的甚至会离家出走或是有暴力倾向。

华人首富李嘉诚说："一个人事业上再大的成功，也弥补不了教育子女失败的缺憾。"所以他无论工作再忙，也要抽时间陪伴家人吃饭。在饭桌上，大到商业界的金科玉律，小到用餐的礼仪，他都会教给孩子。每逢周末，他还会给儿子们上一堂国学课，《道德经》《庄子》等经典，一句一句地读，一遍一遍地解释给儿子们听。点滴的陪伴、言传身教的力量，让他的儿子李泽钜、李泽楷都成长为优秀的企业家。

奥巴马曾说："我不会做一辈子的总统，但我一辈子都要做一个好父亲。"是的，从小与父亲接触较多的男孩，往往表现出很多优势，如性格开朗、头脑灵活、身体健壮、充满活力。坚强果断、宽容大度等男性风格，很大程度上都依赖于父子关系的传承。

近年来，有很多父亲参与到育儿的过程中来。他们询问我最多的问题是：养育男孩容易犯的最大的错误是什么？我敢肯定，父亲犯下的最大最严重的错误，就是放弃他的儿子。

大多数父亲都会觉得人生困难重重，令人精疲力竭：生活压力、职场晋升、健康问题……所有这些事耗尽了父亲的精力，他们觉得自己没有精力做其他事了。他们常常用动画片将儿子打发走，用手机让儿子不再聒噪。的确，陪伴孩子需要在身体、心理和感情上耗费更多精力，但这种努力是值得的。爱的互动具备神奇的力量，不仅让儿子健康成长，更能让父亲从喧嚣的生活中得到解脱。

你要知道，为了让儿子顺利地从男孩成长为男子汉，父子相处的时间再多都不为过。因为将来他长大成人，离开了家，长时间的陪伴相处几乎是不可能了。所以，父亲要尽早地参与到育儿的过程中来。在婴儿期，怀抱着儿子，让他感受到和母亲不一样的呼吸、声音、触摸、深沉的嗓音，给儿子换尿布，帮儿子洗澡，为儿子穿衣服，和儿子一起玩耍，在和儿子的交流中读懂孩子，学会想办法逗儿子开心，在点滴的陪伴中感染孩子、影响孩子、让孩子感受爱、学会爱。减少应酬，尽可能将一切空闲时间献给孩子，买早餐时抱着他，办事时把他带在身边，下班后关掉电视和手机，陪他玩玩捉迷藏、玩玩角力游戏，辅导他做作业，周末带他钓鱼……重新规划自己的时间，形成以孩子为主的生活日程表。

心理学家麦克·闵尼的研究结果指出："与那些一星期内接触父亲不到 6 小时的男孩相比，每天与父亲接触不少于 2 小时的男孩，更有男子汉气质，他们所从事的活动更开放，他们更具有进取精神，也更愿意去冒险。"

《爱的艺术》中说："父亲虽不代表自然世界，却代表人类生存的一个极端，即代表思想的世界，人所创造的法律、秩序和纪律等事务的世界。父亲是教育孩子、向孩子指出通往世界之路的人。"所以，父亲们，你们需要工作，更需要生活，需要温暖的家庭，千万不要为了工作而忽视家庭和亲情。要爱妻子，并和她一起承担起孩子的教育，建立亲密的父子关系，关注儿子的心理发展，多与孩子沟通交流，陪伴孩子。**做个不缺席的父亲，是对孩子最好的富养。**

父亲要做对儿子有"正向影响力"的榜样

　　有一位父亲，喜欢喝酒，每天都要出门去找酒友喝几杯，有一天，他喝得醉醺醺的，扭头一看，有一个人跟在他身后，拿着酒瓶，走路东倒西歪的，他心想："哪个小兔崽子在背后学我。"待他走近一看，却是自己的儿子，顿时，酒醒了大半。

　　父亲通过潜移默化的方式来影响孩子，其结果是明显而深刻的。有位心理学家做了这样的实验：将幼儿园孩子分成两组：第一组每天观看父亲遵守交通秩序、排队买东西、洗手之后再吃饭的录像带；另一组则不看。经过一段时间之后，他们发现第一组的孩子具有非常好的行为习惯，懂得遵守秩序、谦让并具有良好的卫生习惯，而第二组孩子则易怒，喜欢争吵。很明显，孩子需要具有良好的行为榜样。父亲是男孩生命中最重要的男人，父亲要给儿子做出好榜样，并言传身教，帮助男孩培养出优秀的品质，增强男孩的人格魅力。

　　古往今来，很多优秀的父亲，都给孩子树立了良好的榜样。

　　有一个小男孩，他的父亲经营一家书店，他从3岁开始就与书结下了不解之缘。他看书，还经常向父亲提出各种问题。父亲不懂的，就鼓励他从书中寻求答案。读中学时，除了学好功课，他阅读了大量的课外书，对自己感兴趣的东西，他就会顺便记下来。27 岁时，他成了博士生导师，在教育战线上，他培养出了 25 名诺贝尔奖获得者，而他本人也于 1906 年获得了诺贝尔物理学奖，他就是美国的汤姆逊。

还有一个男孩，他的父亲热衷于科学和研究。为了全面培养孩子，父亲在家里办起了实验室，请来了高水平的家庭教育专家，让孩子学习各种知识。在他 17 岁时，父亲送他去周游世界，历时两年，学到了不少知识，结识了不少科学家和学者。19 岁时，他确定了自己的终生道路，决心像父亲一样，当个科学家。后来，他真的成了一名伟大的发明家——他就是诺贝尔。

我有一位朋友在企业做管理人员，在一次聚餐上，服务员误将酒洒在了朋友身上，白衬衣湿了大片，尴尬极了。大家嚷嚷着，嫌服务员不小心。朋友却说："没什么，让他走吧，他也不容易的，大家多体谅一下……"一场纷争随之化解。别人问他："你为什么这么有风度？"朋友说："父亲自幼教导我宽以待人，而且，父亲也是这么做的。很多时候，我也想发火，但最终还是能够控制住自己的情绪，这不得不归功于父亲的教导。"

……

其实，父亲能够给孩子带来的正面的影响还有很多。父亲们不妨列出自己希望孩子具有的品质清单，要具体，比如坚持到底、懂得分享、有爱心等，然后看看自己是否具备这些优良品质。如果自己有欠缺，那么在日常生活中就要多加练习，来给孩子树立榜样。**想要管教好孩子，父亲必须先约束自己的行为，成为更好的父亲。**

2016 年 7 月，美国大选时，第一夫人米歇尔的一次演讲感动了世界，她的主题是"父母是孩子的榜样"。她说，无论你选的总统是谁，你的选择将影响塑造孩子未来的 4 年或者 8 年的日子。她形容奥巴马对孩子的影响时，用 4 个词语概括：品格、信念、正直、慈悲。而这些品质通过 18 年的相处，如同春风细雨，渗透到孩子的价值观中。所以，父亲们要始终记住，儿子终将长大，而你现在的一点一滴决定着儿子将成为一个什么样的人。

蒙田说:"作为一个父亲,最大的乐趣就在于:在其有生之年,能够根据自己走过的路来启发子女。"榜样的力量是无穷的,父亲影响着儿子的思想、行动,是他们心中的英雄和楷模。

父亲的行为教会男孩如何对待女性

父亲们，你的儿子见到的第一位男性就是你，你向他展示了男性该有的样子。研究表明，父亲比母亲更多地影响着孩子对性的态度。婴儿从出生开始更容易认同自己的母亲，但他们与父亲的关系决定他们对性别的认同和发展。男孩子们需要在父亲的协助下去认识他们自己的男子气概的价值。

对孩子们的性别认同最有力的影响之一就是他们如何看待父母之间的关系。**如果一个男人爱自己的妻子，支持她、帮助她，那么儿子也会尊重身边的女性。**

有一天，7 岁的儿子跟妈妈争吵，他想看动画片，妈妈不让。妈妈让他安静下来，不要大吵大闹，但是儿子在愤怒的情绪里无法自拔，他动手打了妈妈。这时，爸爸走了过来，他抓住儿子的肩膀，严厉地说："不能打妈妈，我们都要爱护她。"儿子不敢出声了，他被爸爸的态度惊住了，父亲虽然没有打他，甚至连怒吼都没有，但是父亲的态度明确表明了儿子犯了错误以及对妈妈的维护。

风靡全球的《小猪佩奇》中有一集，猪妈妈因为摘树莓，不小心掉进树莓丛里，佩奇和乔治笑得躺在地上，说："妈妈真是笨手笨脚。"这时，站在一旁的猪爸爸，一脸担心地问："猪妈妈，你还好吗？"听到猪爸爸的关心，两个小家伙也开始关心起妈妈的安危，他们也担心地问："妈妈，你还好吗？"

从一开始的嘲笑，变成后来的关心，仅仅是因为爸爸的态度。他对妻子的关爱，影响了佩奇和乔治，让孩子们明白，在妈妈身陷困难时，应该关心妈妈的健康而不是嘲笑、取乐。

曾经有一位爸爸向美国著名脑神经科学家梅迪纳教授请教："请问，我怎样才能帮助儿子考上哈佛大学？"

梅迪纳答道："从现在开始，回家好好爱你的老婆。"

旁人不解，他解释道："在美国，对学业成就的最佳预测指标，就是家庭情绪的稳定性。家庭情绪的稳定性大部分可被妻子的情绪所预测。"所以，要好好爱护你的妻子，因为妻子的情绪越稳定，家庭的情绪越稳定。

而如果父亲不尊重女性，则会造成毁灭性的后果。上海市青少年心理行为门诊部了解到，孩子们的心理问题，由家庭环境引起的占75%。其中，**父母吵架被认为是对幼儿伤害最大的一项不利因素，父母当着孩子的面吵架的情景可能成为孩子一辈子的心理阴影，家庭暴力更甚**。研究发现，会否成为施暴者很大程度上取决于其成长环境，特别是原生家庭，而与知识水平、学历等因素无关。家庭暴力造成的伤害性后果，不仅影响暴力关系的双方，还会延伸到下一代身上。一位婚姻破裂了的女士曾经痛苦地说："我们的婚姻失败，原因在于我丈夫的父亲没有尽到他自己的责任。"

对妻子的关心和爱护，要注意做到以下几点：

要体贴妻子

生孩子之后，妈妈的压力徒增：严重缺少睡眠、一直哭闹的娃、无人理解、产后抑郁等问题频出。要尽可能地帮助妻子，晚上帮忙喂奶、换尿布、抱孩子，让妻子出门走走散散心，出其不意地给她送一些小礼物，制造一些小惊喜。生活虽苦，但有爱人的体贴和陪伴，就能够甜蜜地一起面对。

尊重爱护妻子

帮助妻子做家务，与妻子共同研究如何更好地教育子女。不在孩子面前争吵打架、说脏话、批评别人。感情融洽，营造良好的家庭生活氛围，让儿子将家庭视为生活的保障与避风港。

帮助妻子处理好婆媳关系

"婆媳矛盾"的根本在于婆婆和媳妇的权力之争，两人都在争夺爱：婆婆觉得儿子是我养大的，必须得听我的；媳妇觉得，你口口声声说爱我，就得听我的。特别是儿子结婚后，很多婆婆没有"界限感"，不懂得给小家庭留有空间和尊重，所以婆媳关系就会很恶劣。作为丈夫，在父母和妻子发生冲突时，他必须懂得站在妻子这边，增加妻子的安全感，同时好好和母亲沟通，慢慢让她懂得爱的界限，"婆媳关系"问题才能在根本上得到解决。

另外，要懂得制造一些惊喜。比如说，晚饭后，孩子在看电视，你在他旁边坐下，提出一个建议："妈妈需要歇一会儿，她要到外面去散步。在她出去的时候，我们大家一起把家里收拾一下怎么样？我们一起动手，可以给她一个惊喜。"你和孩子有机会度过一段只属于你们父子间的美好亲子时光，妻子也从中受益。

每一个男孩都应被温柔相待

很多男孩就像一头小马驹一样桀骜不驯，他们总喜欢和父母对着来，还一天到晚玩闹不停，不知疲倦。父亲往往缺乏耐心，常表现出激烈的行为，比如大吼、说教、拍桌子等，越是这样，孩子反而越会大喊大叫，甚至哭闹打滚。

打孩子尽管有不好的名声，但是很多父母依然控制不住自己，它通常是父母忍耐达到极限的爆发，纯粹是为了发泄怒气。

打孩子为什么是不被允许的?

它会教导孩子用错误的方法来面对挫折

父母没有为愤怒的情绪寻找一个更文明、更智慧的发泄渠道，孩子碰到问题也会诉诸武力。比如，爸爸看到大儿子打了弟弟，于是一怒之下把大儿子打了一顿，边打边说："以后不能再打比你小的人。看你长不长记性。"儿子不会明白，为什么爸爸可以打自己，而自己不能打弟弟。孩子犯错之后，父母要教给孩子的是如何明辨是非的思考能力，而不是打骂的情绪发泄方式。

它阻碍孩子道德的正常发展

打孩子可以轻易地消除孩子对做错事的内疚，与父母期望的不同，孩子觉得自己已经为犯下的错误付出了挨打的代价，愧疚感消除了，他会更容易再犯错。

父母惩罚孩子时，孩子会产生怨恨

他们的心中充满怨恨时，不可能听得进去父母的话，甚至全神贯注于报复的幻想中。父母不当的方法让孩子感受到不受尊重，自然也得不到孩子的配合。

心理学上有个"南风效应"，源于法国作家拉·封丹的寓言：北风和南风比威力，看谁能够把行人身上的大衣脱掉。北风先来了一个冷风凛冽、寒冷刺骨，结果行人为了御寒，把大衣裹得更紧了。南风则徐徐吹动，顿时风和日丽，行人觉得温暖上身，开始解开纽扣，继而脱掉大衣，南风获得胜利。

由此我们可以知道，"棍棒教育""恐吓教育"之类的做法并不可取，它们像北风一样，会造成事与愿违的后果。要实行"温情教育"，引导孩子自觉向上，才有事半功倍的效果。

有一位台湾的"故事妈妈"到上海的一个小学讲课，进教室前，大嗓门儿班主任提醒道："我们这个班的小朋友比较调皮，吵吵嚷嚷的从来不肯安静听课，所以你得嗓门儿大点才行。"结果，"故事妈妈"并没有提高嗓门儿喊叫，小朋友们却都安静了。她是怎么做到的呢？只见她上台后，既没大吼也没大叫，脸上挂着笑容，闭着嘴，温柔但坚定的眼神扫过台下的每一个孩子。1分钟后，1/3的孩子安静了下来，2分钟后，又有1/3的孩子闭上了嘴，不到3分钟，所有的孩子都被"故事妈妈"的安静吸引住了，像木头人一样坐在自己的椅子上。

这时，"故事妈妈"柔声说："老师没办法用大嗓门说话，所以如果小朋友们想要听精彩的故事的话，就得把小嘴巴闭闭紧，小耳朵竖高高哦。"小朋友们配合极了，偶尔有几个孩子发出干扰的声音，就会立即被身边的同学制止。

所以，就像机器坏掉，修理机器需要方法和技巧一样，面对孩子的错误，父母同样需要技巧和知识。

五岁的儿子拿着空酒瓶玩，"别玩那个，很容易打碎的！"爸爸说。这时，儿子手一滑，瓶子碎了。"让你别拿，你就是不听！真是个笨蛋。"爸爸说。"你才是笨蛋！你自己不也摔过自己的手机？！"儿子不服气道。"你还敢顶嘴？翅膀硬了是吧！"爸爸更生气了，一把拎过儿子，揍了起来。孩子被打了一顿，他的注意力集中在对爸爸的愤恨上，他根本不会从玩酒瓶这件事上吸取到教训。

看到儿子玩啤酒瓶，爸爸可以走过去给他小球或者别的玩具换下来。当他打碎了酒瓶时，爸爸可以说："酒瓶是玻璃做的，所以它容易碎，它是用来喝酒的，不是用来玩耍的。"这样儿子就会思考这件事情，并从中吸取教训。爸爸不妨带着儿子去找个塑料瓶子，让孩子玩玩看，孩子会发现，塑料的瓶子掉在地上不会打碎。爸爸可以趁机给孩子讲讲瓶子还有什么材质的，玻璃的、瓷的、塑料的、不锈钢的等，给他讲讲每种材质的特点和区别。这样本来一场冲突就演变成了一场有趣的科普课。

辱骂性的字眼会让孩子对自己产生错觉。一个总是被指责辱骂的孩子，会认为自己真的很差劲，否则怎么会总是做错事情？孩子依靠父母来告诉他们自己是什么样的人，所以他们会把大人的气话当真，父母要多对孩子说一些积极的话，正面的话。面对孩子的错误，多一些理智思考，少一些情绪发泄，孩子的问题才会越来越少。

父亲是男孩非常重要的游戏玩伴

美国心理学家劳伦斯·科恩在《游戏力》中提道："通过游戏，孩子一边探索着世界，一边试探着自己在这个世界中的能力。也正是在这个过程中，孩子变得越来越自信和成熟。"

游戏是孩子尝试成人角色和技巧的途径，游戏是孩子生活的重心，当你用说教的方式和他们说话时他们可能听不进去或听不懂，但是在游戏中沟通，他们却能很快地理解。游戏是父母和孩子建立情感连接的桥梁，是孩子喜欢的交流方式。

作为男孩，更需要在游戏中释放自己的力量，打闹、举高高、尝试和冒险。所以，很多情况下，父亲是非常重要的游戏玩伴。

研究表明：爸爸和儿子之间的打打闹闹的身体游戏是一种至关重要的、不可或缺的亲子互动方式。尤其是从出生至学前这一时期的亲子游戏互动，它对孩子的成长有进化性的意义，能够给孩子各方面的发展带来无穷的益处。

医学博士安东尼·迪本德和心理学家劳伦斯·科恩在合著的《亲子打闹游戏的艺术》中提道：

孩子在打闹游戏中发展适应能力

打闹游戏是随性的玩法，总是让孩子面对无法预测的状况，前一秒可能他即将赢得胜利，下一秒就被爸爸按在床上，孩子在玩的过程中努力调整自己去适应各种变化。进化生物学家发现，通过打闹游戏，能够激活孩子的大脑，增加大脑皮层中神经细胞之间的连接，促进行为的灵活性和应变能力。孩子无论是想在爸爸的怀中逃脱，还是试图在打架中占到上风，都会为此竭尽全力，但是他们有时会赢有时会输，这就让他们懂得：失败和挫折是常见的，并且是暂时的一种状态，没有人可以一直保持成功，同样，也没有人会一直失败。

孩子在打闹游戏中变得更聪明

心理学家研究发现：根据孩子参与亲子打闹游戏的数量，可以预测他们一年级以后的成绩将比幼儿园时提升多少。

因为打闹游戏的每一个回合都能增加人脑源性神经生长因子（BDNF）的水平。而 BDNF 掌管记忆力、逻辑等高层次学历能力的大脑神经元的生长。所以试试看吧，像扔沙包一样把孩子扔到床上，每晚和儿子大战几个回合，儿子真的会越来越聪明哦。

孩子在打闹游戏中提升社交能力

一项专门的亲子游戏研究显示：比起那些基本不玩打闹游戏的孩子，经常参与打闹游戏的孩子社交能力和情商水平都普遍更高，他们更善于交朋友、更善于融入团体。因为当你和孩子打闹时，两人一直在演练有来有往、各有妥协的协商过程，孩子如果一直输就不会愿意继续玩，孩子如果一直赢爸爸也会不高兴，赢家必须轮流当，这样才有趣。

孩子在打闹游戏中建立规则

孩子在打闹中，学会什么是规则，以及对与错的界限，一旦他们超出底线，恶意打人、下手很重，游戏就会被终止。

孩子在打闹游戏中健康发育

研究表明，父亲的活力水平和体重，很大程度上能够预测孩子成年后的活力水平和体重。在床上翻滚、摔跤游戏、抱着打滚，能让孩子更加的活力四射、提高身体的灵活性和协调性。

强化父亲的高大形象，培养男孩的阳刚之气

妈妈在力量上有所欠缺，爸爸是最合适的人选，孩子会对充满力量的爸爸产生崇拜，也希望自己能够变得刚强。在打闹中，孩子感受到爸爸对他们的信赖和爱。

帮助父亲减轻职场压力，建立良好的亲子关系

打闹游戏不仅对孩子好处多多，对父亲自身也很有好处。打闹游戏给父亲提供了宣泄情绪的渠道，可以把不开心和职场压力抛诸脑后。

发现孩子的情绪，建立亲密关系

打闹时，父亲与儿子玩得开心时，儿子会高兴地尖叫；连续失败时，会沮丧，手臂变得软软的；如果父亲给予鼓励，说"你真有劲儿""加油"等，孩子又会重新振作……在这种对孩子情绪的及时察觉和呼应中，父亲和孩子建立起了亲密的情感关系。

修复心灵创伤

如果孩子在学校里过得不开心，回到家里，他可能把自己锁在屋里，可能借由小事发脾气，可能给你唠叨他的不幸遭遇。通过打闹的游戏，帮助孩子释放负面的情绪，恢复健康阳光的心态。

除了打闹游戏，父亲可以陪玩的游戏还有很多，打球、搭积木、拼图、角色扮演等，甚至是一起看动画片，也许这些活动对成年人来讲意义不大，却是孩子成长中必不可少的。父亲必须花时间了解孩子，满足他们的需求，分享他们的喜悦，参与他们的活动。

威廉·波拉克博士在《真正的男孩》（*Real Boys*）中写道，与父亲玩耍有助于儿子培养重要的情感驾驭能力。玩耍的过程中会产生许多情感：激动、竞争、愤怒、失望、幸福和成就感。通过和父亲玩耍，儿子更容易学会如何驾驭这些感情。

第六章

培养男孩的好性格

就连幼儿园的孩子也会喜欢情商高的孩子，

讨厌自私的、没有同理心的孩子。

孩子终会长大，作为社会的一分子，

必须懂得遵守规则，才能与别人和睦相处。

了不起的男孩，要从小培养情商

跟在幼儿园的老师聊天，她说："别看孩子才上幼儿园，但是差别却很大。有的小男孩情商高、人缘好，有的小男孩却自私、不合群。"我问："这么小孩子，差距就这么明显？"她答道："拿我们班的康康来说吧，很懂得关怀别人，小朋友玩耍闹意见了，他会主动过去帮忙，玩游戏时指挥小朋友按秩序来，很受老师和同学的喜欢。另一个小男生波波，就爱捣乱，别人摆好的玩具，他给推倒，老师发加餐，他要抢在前面，有时趁老师不注意，还会多拿，大家都不喜欢和他玩儿。"

孩子并非到了成年，才会有好恶之分，就连幼儿园的孩子也会喜欢情商高的孩子，讨厌自私的、没有同理心的孩子。孩子终会长大，作为社会的一分子，必须懂得遵守规则，才能与别人和睦相处。

什么是情商？简单来说，情商就是一个人调节自我精神状态、与他人正常交往的能力。情商高的孩子，大都有良好的人际关系，碰到困难更容易乐观面对；情商高的孩子有同理心，懂得换位思考，发生矛盾，能够站在别人的角度考虑事情；情商高的孩子不自私自利，懂得为他人着想……

如果孩子从小缺乏同理心，那么这种障碍会一直延续到他们成年以后的生活

134

中，造成很多困扰，即使是学龄前的孩子，父母通过教导，也可以让他们学会考虑他人的感受。那么，怎样从小培养男孩子的情商？

识别情绪

父母可以在给男孩讲故事时，教给他观察图中的人物，讨论人物的感受：

"这个小朋友开心吗？"

"开心。"

"为什么觉得她开心？"

"她的嘴是弯着的。"

"这个小朋友开心吗？"

"不开心。"

"你怎么看出来的？"

"他哭了。"

"他俩有相同的感觉还是不同的感觉？"（父母应强调相同和不同这两个概念，让孩子懂得，在面对一个场景，不同的人可能有不同的感受）

"他为什么哭啊？"

孩子可能会说一些自己容易哭的事，如"小朋友不跟他玩儿"。

"那怎样才能让他重新开心起来呢？"

……

通过讲故事或者角色扮演，让孩子认识、感受别人的情绪：生气、伤心、沮丧、骄傲等。

思考感受

父母应和男孩共同思考并分享："哪些事情会让你觉得开心？""你做什么事能够令妈妈／爸爸开心？"父母和孩子可以分别列出自己的清单。比如：让我高兴的事情是：（1）吃巧克力；（2）看小说；（3）买漂亮衣服。让孩子学会思考自己和别人的感受。也可以一起探讨故事中人物的感受和前因后果，或者利用周围的人、事、物，来引导孩子设想他人的情绪和想法，思考解决办法。

日常应用

不只是玩游戏，父母在日常生活中，也应向男孩及时表达自己的感受和情绪，帮助男孩更好地觉察父母在不同情境下的情绪反应。

比如说，儿子拿笔把墙上涂得乱七八糟的，妈妈看到后，说："你做妈妈不希望你干的事情时，妈妈的感受是什么样的？"

"生气。"

"你和我是相同的感觉还是不同的感觉？"

"不同的感觉。"

"你知道妈妈为什么不希望你写在墙上吗？"

"因为难以擦掉。"

"还有吗？"

"很脏。"

"你能想一个你愿意做，但不让妈妈生气的办法吗？"

"……在纸上……"

"好主意。"

父母要注意培养男孩的"同理心"，让男孩学会在游戏、交往中充分体验自己的情绪的同时，懂得站在别人的角度，感受别人的情绪。**教会男孩正确觉察他人的情绪，男孩才能在与人交往时，懂得分寸，把握好尺度，这种情绪体验会让孩子受益一生。**

父母榜样

　　榜样的力量是伟大的，父母要给孩子做出表率。比如，爸爸加班回到家，妈妈立即递上一杯热水，或者去下碗面条；妈妈累时，爸爸帮妈妈捶背；爸爸生气时，妈妈如何想办法逗他开心；妈妈开心时，如何跟大家分享她的快乐……在耳濡目染中让儿子成长为一个高情商的男子汉。

　　总之，孩子的情商不是一朝一夕养成的，也没有什么捷径可走。父母要在日常生活中抓住时机进行循序渐进的引导，使孩子在点滴积累中逐步形成健康的心理、良好的情绪和智慧。

"冷静期"帮助男孩疏导自己的情绪和压力

周日的晚上，因为儿子上火，嗓子哑了，妈妈给儿子煮了一碗梨水，"时间不早了，喝完就去睡觉。"妈妈说。儿子喝完，还想再喝，妈妈没有同意。不顾沙哑的嗓音，儿子大叫起来："不行，我就是要喝！"边喊边打妈妈，"坏妈妈！坏妈妈！"

妈妈陷入了为难的境地：答应他，岂不是纵容他的脾气？如果不答应，儿子又会哭闹个没完，吵得全家不得安宁。面对发脾气的孩子，很多妈妈都束手无策，因为孩子在发脾气的时候，什么话都听不进去，似乎什么对策都不管用。

拿成年人来说，我们心绪烦躁的时候，会非常的情绪化，关注于解决问题是非常困难的，而如果有一个冷静期，等我们恢复理性，问题往往更容易解决。孩子也是如此。在孩子有情绪、压力的时候，如果能有一个"冷静期"，那么感觉会好很多。

要教给孩子认识"冷静期"

和孩子交流"冷静期"的价值，让他知道，一个人只有感觉好的时候，才会做得更好。我们在试图解决问题之前，需要一段时间的冷静。父母可以向孩子展示自己生气的时候，如何度过"冷静期"。比如拿喜欢的小说读，或者坐在阳台的躺椅上休息一会儿，或者出门跑步、爬山。

布置"暂停区"

和孩子进行头脑风暴，找到能够让孩子们心情好转的办法，如玩超人玩具、动物模型、玩卡车、搭积木等。甚至家里可以布置出一个小角落，让孩子给它起个名字，比如我们家的叫"熊乐园"，放着孩子最爱的熊宝宝玩具。孩子生气的时候，可以去这个小角落度过自己的"冷静期"，小角落也可以放置一块涂鸦板，或者飞镖盘，或者枕头，供男孩子发泄情绪。总之，让孩子意识到，度过"冷静期"是个很有意思且很有意义的举动。需要注意的是，我们可能存在一个误区，就是觉得暂停区是个面壁思过的地方。其实它的作用是帮助孩子们心情好起来。

如果孩子拒绝进入暂停区，妈妈可以陪着他一起去，并且说："咱们一起去吧，我也需要暂停一下。"如果孩子还是拒绝，妈妈可以说："好吧，我想我需要去，让我安静一会儿。"

在孩子心情变好之后，要和孩子进行诚恳的交流

如果问题依然存在，要找到解决办法或者做出弥补。可以鼓励他思考："你觉得这样做对吗？""你打妈妈的时候，你觉得妈妈是什么心情？""下次碰到这种问题我们怎么办呢？"引导孩子思考后果以及解决方法。

记得要拥抱他

不管对男孩造成困扰的是不是父母，作为父母，一定要鼓励男孩，给男孩一个温暖的拥抱，告诉他："妈妈爱你，妈妈在你身后支持你。""无论是谁，都有做错事情的时候，妈妈对你的爱是不会变的。"令男孩感受到爱，鼓励他调整自己的心情。

父母平时要注意观察孩子，当发现男孩情绪不对的时候，千万不要横加指责，或者刨根问底，否则可能会陷入争执的深渊。带孩子出门游玩、爬山、跑步、打篮球、做运动，让男孩把需要发泄的都发泄出来，这样才能健康快乐地成长。

犯错是学习的最好时机

史蒂芬·葛雷是一位曾经取得过重要的医学成就的科学家，有一次记者采访葛雷："你为什么会比一般人更有创造力，是什么因素让你超乎常人？"

他回答："这都与我小时候母亲给我的经验有关。有一次，我尝试着从冰箱里拿一瓶牛奶，失手掉在地上，瓶子碎了，牛奶溅得到处都是，像一片牛奶海洋！母亲来到我面前，并没有冲我大呼小叫、教训我或者惩罚我，而是说，'你制造的混乱还真棒！我几乎没有看见过这么大的水坑，反正损害已经造成了，在我们清理它之前你要不要在牛奶中玩几分钟？'我的确这么做了，几分钟后，母亲说，'你制造混乱后，最好再把它清理干净，我们可以用一块海绵、一条毛巾或者一只拖把，你喜欢哪一种？'我选择了海绵，于是我和母亲一起清理打翻的牛奶。最后，母亲说，'让我们到后院去，把瓶子装满水，看看怎么拿它而不会掉。'"

这堂面对错误的课让孩子不需要害怕错误，除此之外，孩子还学到——错误只是学习新东西的机会。

人无完人，谁都免不了会有过失。要将过失看淡，否则把所有的过错都放在心里，那么活得多累啊！其实，不仅要教育孩子别怕犯错，大人做错了事，也应该大胆地承认错误，并立刻改正。谁做得不对就得认错，给孩子树立光明磊落的榜样。

周日一早，我起床叠被子，硕硕醒了，兴奋地过来帮忙。我刚铺开被子，正巧接到电话，9点钟我要去汽车站接我妈。硕硕捏起被子的另一边，准备对折，这时，他玩性起了，跳进被子滚起来，滚完又钻进被子底下，玩钻山洞。他乐得咯咯地笑，而我看到快指到8点的时钟，心里焦急万分。我说："硕硕，我们要去车站接姥姥，你快点去换衣服。"硕硕不听，卷起被子滚来滚去。我发火道："你再不去换衣服，我就走了，你自己在家里待着！"

突如其来的发火让硕硕害怕，他嘴巴一撇，哭了。我立即意识到自己的不对，周末的早上，不用赶着早起上学，被子松软，孩子玩得很舒服，正乐在其中。我有事，可以先和孩子好好地交流，让孩子配合，不应该由着性子发火。于是我赶忙说："硕硕，你觉得被子很舒服，玩得很开心，妈妈却冲你又吼又叫，你现在一定很伤心。"硕硕抽泣着没说话，我又说："妈妈刚才太急躁了，不应该冲你发火，我向你道歉。你能原谅妈妈吗？"硕硕的脸一下子晴朗了，他说："好的，没问题。"我又说："姥姥快到车站啦，我们抓紧穿好衣服去接她，好吗？""嗯！"硕硕配合地收拾了起来。

当我们勇于承认错误时，就是在告诉孩子：犯错没什么大不了的，只要吸取经验教训，以后改正就行了。每一个人都会犯错，没有人是完美的。

我家楼上有个小男孩，父母是大学教授，自幼饱读诗书，有良好的成长环境，他学习很好，很聪明。可就是这么一个令人羡慕的男孩，却很焦虑。

原来是他的父母自幼对他要求非常高，只要他做错事情，他父母就会说："有这么好的家庭条件，我们为你付出这么多，你还这样，真是不应该！"潜移默化地，孩子成了一个完美主义者，凡事都要求尽善尽美，都追求第一、追求最好，如果达不到，就怀疑自己、否定自己。

生活中，这样的父母不在少数，他们不甘于自己的现状，将希望寄托在孩子身上，孩子稍有懈怠，就非常焦虑，甚至拳打脚踢。很多孩子本来聪颖活泼，却在父母的高压下，变得抑郁、自闭，甚至轻生。

其实，孩子犯错后，父母的反应至关重要。如果对孩子的错误过度苛责，就会导致孩子经不起挫折、受不了委屈；如果能给予正面引导，教育孩子向前看、向上看，孩子就能够积极地对待自己的错误。

6岁的小男孩和朋友在小区里玩，不知谁最先提议，几个捣蛋鬼开始往停在附近的汽车上扔泥巴。邻居抓住后，把这事告诉了妈妈。

小男孩回到家，妈妈问："你把泥巴扔到邻居的车上，是怎么想的？"

小男孩说："我觉得挺好玩的，我们在比赛谁砸窗户砸得更准。"

"那如果你长大后，好不容易攒钱买了一辆喜欢的车，却被人砸了很多泥巴，弄得脏兮兮的，你会怎么想？"妈妈问。

"我会气炸的，我要把他们抓过来暴打一顿。"小男孩说。

"对，所以我们的邻居现在非常生气。你能想出什么解决办法吗？"妈妈启发道。

"要不然我去帮他把车清洗干净。"小男孩回答。

"这是个好主意。"妈妈肯定地说。

"那我这就去做，而且我要叫上我的朋友们，他们也要学会改正自己的错误。"小男孩说完，提着水桶和抹布下楼去了。

另外，父母在每日的亲子时光中，可以规划出一个模块，用于大家轮流说出一个自己犯的错误，以及在错误中能够学习到什么。这样让孩子看到，犯错是多么正常的事情，更重要的是，面对自己的错误，如何动脑筋想办法解决，这样，孩子不仅可以在错误中学习，还会学会承担起自己的责任。

让男孩经得住挫折

有一次，去朋友家做客，她家里1岁多的宝宝正在高兴地玩踢球，只见宝宝一抬脚，球滚了出去，他摇摇晃晃地走过去捡球，因为太小，捡球时还摔了个屁股蹲儿。妈妈看了很心疼，忙跑过去帮他捡起来。

对于1岁多的孩子，家长要开始有意识地培养他独立自主，妈妈的帮忙看似是好事，实际上，她剥夺了孩子自主探索、体验自我力量的机会。

相比较去拿球这个行动，孩子更重要的是在体验走向球时，他的手、脚、腿、身体各个部位的感觉和体验，他独立完成，感受到自己的成长和心灵的喜悦，虽然摔了一跤，可能也会受伤，产生挫败感，但是他最后完成了探索，就会产生一种力量和信念：**虽然我会受到挫折，但还是靠自己的力量实现了目标。**所以孩子以后再碰到问题时也懂得自己想办法面对。相反，如果大人总是帮忙，孩子就会感到，有了问题大人会帮我解决。

在孩子幼时，碰到困难，大人似乎都可以帮他们扫清障碍；那么孩子进入幼儿园后，活动范围逐渐脱离了父母的掌控，父母还能够做到冲锋上前吗？再大一些，孩子碰到学习困难、人际问题、心理问题，父母更不能代替他处理，到那个时候，男孩看到周围的人碰到问题处理起来得心应手，而自己束手无策，就会陷入深深的自卑，甚至会对父母产生怨恨。

华莱士曾说："溺爱是孩子成长道路上一个非常温柔的陷阱。"而掉在陷阱里的孩子，由于被剥夺了犯错误和改正错误的权利，失去了体验挫折的机会。

有这样一个男孩，家境良好，父母都是高级知识分子，自幼成绩优异，海外留学归来，找到一份令人羡慕的工作，就在这时，他参加了一场单车比赛，失误受伤。一向顺风顺水的他对这次失败耿耿于怀，患上了抑郁症，不久便跳楼自杀。

这次失败本不足以致命，夺去他生命的是他面对挫折的态度，一味沉溺在失败的阴影中不懂得向上看、往前走。

美国联邦法院首席法官约翰·罗伯茨在他儿子的毕业典礼上发表演讲，题为《我祝你不幸且痛苦》，全场哗然。这位父亲坚定且慈祥地说："在未来的很多年中，我希望你被不公正地对待过，我希望你遭受背叛，我祝福你时常感受到孤独，我祝福你人生旅途中时常运气不佳，我祝福你被忽视，我祝福你遭受切肤之痛。

被不公正地对待过，才能真正懂得公正的价值。

遭受背叛，才能领悟到忠诚的重要。

时常感受到孤独，才不会把良朋益友视为人生中的理所当然。

运气不佳，才能意识到概率和机遇在人生中扮演的角色，进而理解你的成功并不完全是命中注定，而别人的失败也不是天经地义。

你失败了被人嘲弄，才能懂得有风度的竞争精神之重要。

被忽视，才能意识到倾听他人的重要性。

遭受切肤之痛，才能感同身受，同情理解别人。"

这些像诅咒一般的话，虽然极端却道破了人生的真相：唯有当你觉得理所应该的规则被破坏之后，才会重新开始思考和珍惜拥有的一切，理解什么是人生真正的幸福。

一个科学家曾经做过这样一个试验：他把一只跳蚤放在桌子上，然后一拍桌子，跳蚤迅速跳起，但是，科学家在跳蚤的头上罩上一个玻璃罩，再让它跳时，跳蚤就只能触到玻璃罩。连续多次碰壁后，跳蚤总保持在罩顶以下的高度。后来科学家干脆将玻璃罩打开，这时候他再拍桌子，跳蚤已不会跳到玻璃罩的高度，它已经变成"爬蚤"了。这个"跳蚤试验"说明：在很多情况下，人也和跳蚤一样经过多次碰壁之后，就开始灰心丧气，认为在这件事上自己永远都不可能成功，于是就放弃了努力。

其实，对于孩子而言，"挫折感"的获得，主要是来自周围人的反应，受到赞美就是成功，指责批评就是失败，只要父母不要对他冷嘲热讽，在孩子做得不够好时，及时给予鼓励，挫折并不会给孩子带来太大的打击。父母要引导孩子直面挫折，告诉他别灰心，想办法解决，比如说，"双手再用力一些""我知道这确实很难，不过没关系，慢慢来就好了""妈妈小时候也总是学不会折飞机，后来妈妈想了个办法，就是这样弄……"

实践表明，只要父母不加深男孩的挫折感，不过分处罚男孩，在男孩成长的过程中，帮助他树立适当的目标和信心，男孩就会少一些心理压力，变得积极进取。所以，孩子碰到挫折时，父母的态度很重要。

在孩子灰心时，找一些名人或者成功人士的传记讲给孩子听，让他知道这些名人是怎样面对挫折和磨难的，让他懂得，成功和快乐是以失败和挫折为代价的。父母可以鼓励孩子进行有挑战的练习，一旦经过努力，孩子完成了挑战，就会发现事情并不像自己想象的那样难，最可怕的是害怕本身。

孩子碰到挫折，但是他获得了"宝贵的教训"，下一次他就会懂得如何去避免。同时，他也拥有了战胜困难的经验。孩子从失败走向成功的过程，本身就是一个磨炼自身、慢慢成熟的过程。现今的社会，对男孩的要求越来越高，男孩肩负的责任也越来越重，各种操作能力、人际交往能力、解决问题能力等，都应从小锻炼发展。鼓励他的每一点进步，把日后现实生活的巨大压力提前分解和消化，这就是挫折教育。

我能赢，但也输得起

硕硕有个好朋友，从小喜欢玩拼图，每次硕硕去他家做客，总会被拉去比拼图谁拼得快。男孩子竞争意识强，难免会争强好胜，当硕硕比不过朋友时，索性就把拼图一扔，再也不愿意玩了。

我知道他想赢，但是现在，面对强大的对手，他害怕输，所以就不愿意继续玩了。

好胜心本是男孩进取的催化剂，但是催化剂过多可没什么好处，容易形成"输不起"的心态。从儿童心理学的角度来看，孩子"输不起"是一种正常现象。孩子年龄小，心智不成熟，他并不了解自己的强项和弱项，只知道自己要比别人强，一旦技不如人，便会表现出不满的情绪。

"输不起"现象虽然是孩子身上的一种正常现象，但是父母仍要及时给予纠正，因为他们在遇到失败、挫折后，很可能会一蹶不振。父母们要多费点心思，让孩子拥有"输得起"的精神。

回家后，我买了一些拼图来给硕硕玩，从简单的 30 片入手，让他发现拼图其实并不是那么难，指导他摸索窍门。等他拼得熟练了，再拿 60 片、100 片的，有时候我也和他比赛，刚开始时他会输，但是输对他而言，没那么难以接受了，后来，他能够超过我，变得比我还快。这样练了很长时间，再碰到朋友时，他也不再害怕比拼了。

父母在孩子碰到挫折时，要给予指导和支持，让他懂得失败是暂时的，只要努力练习，就能越来越好，玩拼图，赢不是目的，更重要的是让他建立起信心，只要努力，就会有所进步，有所成长。

我们在日常生活中，还可以怎样教孩子面对输赢呢？

让男孩专注于学习的快乐

儿子喜欢街舞，每次跳街舞他都觉得酣畅淋漓，乐在其中。有一次，培训班举行街舞比赛，为了这个比赛，儿子练习得可认真了，每天放了学都跟着录像练，就连上学放学的路上还哼节奏呢！

但是人外有人，天外有天，比赛结果出来了，儿子没有获奖。说不沮丧是假的，结果出来后，儿子一直低着头，若有所思。

妈妈说："练习了那么久，付出了那么多，没有得奖，你一定觉得难过极了。"儿子抬起头看着妈妈。

妈妈又问："你还喜欢街舞吗？"

儿子点了点头，妈妈继续说："那就对了啊，你是喜欢街舞，那么我们享受跳舞的快乐就好了，我们不一定非得要得奖才开心啊！"

听了妈妈的话，儿子感觉好多了。其实，家长让孩子学钢琴、画画等，是要让孩子拥有更好的情操和更高的眼界，享受艺术的乐趣，我们要让孩子知道，享受过程比结果更重要，并非所有的孩子都能够成为贝多芬、毕加索。

让男孩在游戏中学会平衡输赢的心态

父母在和男孩做游戏时，也可以有意识地进行教导。比如说，下跳棋，让孩子有赢有输，赢为了增强他的信心，输让孩子懂得没有人会一直赢，他经历的输赢多了，一则懂得有输就有赢，二则就会把输赢看淡了。

带孩子看竞技类节目

比如长跑、游泳等比赛。告诉孩子，冠军只有一个人，如果以竞赛的眼光来看待人生，那么我们多数人是注定要输的，重在参与，我们能从参与里获得快乐就好了。

"3C" 方法

美国儿童心理学家总结了一个"3C"方法，即 Control（调整）、Challenge（挑战）、Commitment（承诺）。调整指心理上、情绪上的调整，帮助孩子认识到困难不等于绝境；挑战是引导孩子看到积极的一面；承诺是帮助孩子看到生活更广大的目的和意义。

例如：儿子期末考试数学考得非常不好，妈妈说："我知道你考得不好心里一定很难受，但是你语文考得不错啊！"（调整）

"妈妈知道你对自己要求很严格，也非常努力，我们找找原因，下次一定能有所进步。"（挑战）

"妈妈一直以你为荣，不管你考得怎么样，妈妈都爱你。"（承诺）

父母能替孩子做很多事，但是终究代替不了孩子的成长。**孩子只有经历"输"之后的奋起，才能懂得如何"赢"**。过度保护的孩子长大后会害怕失败、承受不了失败。要让孩子自己走好脚下的路，输得起的孩子才是最成功的孩子！

男孩胆子小，该怎么办

邻居张姐家的儿子是个人见人爱的小男孩，长得白净可爱，学东西快，非常聪明，但是张姐告诉我，她很忧虑，因为儿子胆子太小了。小时候带他出门，看到门口竖着的景观石他都会害怕，不敢靠近；逛商场，看到塑料模特，也会被吓哭；再大一点上早教课，他是班里唯一一个不敢上台做自我介绍的小朋友，只要人一多，他就闹着要回家；带他去广场看节目，听到音箱的大音量，他就不敢往前走了……

英国《泰晤士报》报道，一个对"羞怯"进行研究的科研机构发表观点称：父母积极的培育和主流文化的影响是决定孩子是否成为害羞者的两个主要因素，即便先天带有害羞遗传的孩子，也能够在7岁前改变害羞的性格。

那么我们应该怎样让孩子变得胆子大一些呢？

改变环境

当发现孩子害羞、胆小时，父母要有意识地多带孩子去陌生的环境走走，参加活动、朋友聚餐、在广场或者小区找小朋友一起玩等。父母要给孩子做出榜样，尽量保持开朗、活泼的个性，主动和别人聊天，让孩子看到和别人说话也没什么好怕的，而且很有趣，孩子总是能从父母身上获得力量，从而进行模仿。

带孩子多参加运动

通过运动，可以锻炼胆量。跑步、爬山、跆拳道、羽毛球，很多游乐场都有适宜幼儿的攀爬项目，也可以鼓励孩子参加。

营造良好的家庭氛围

专业人士做过统计：1 岁以内的男孩害怕巨大声响、环境突然改变、陌生人、亲人不在身边。1 岁多的男孩害怕陌生人，怕与父母分离。2 岁多的男孩害怕黑暗、独自在家、与父母分离。3 岁多的男孩害怕动物、昆虫、黑暗的房间。4 ~ 5 岁的男孩害怕鬼怪、猛兽、雷鸣等。5 ~ 6 岁的男孩害怕上学、身体伤害、超自然事件。7 ~ 10 岁的男孩害怕社会交往、战争、争执、身体伤害和学习问题。而很多家长为了让孩子听话，常常说些吓唬孩子的话，比如，"你再捣蛋，老虎就把你吃掉"，"你再说话就把你关进小黑屋"，"鬼来了"，等等。这种话也许能让孩子听话一会儿，但是却会给孩子的心灵造成阴影，让他变得更加的胆小和懦弱。

在孩子怕黑的时候，父母要帮助他们克服恐惧心理，告诉他们黑夜和白天是一样的，只是因为光线太暗，我们的视线产生了变化而已。另外，注意平时生活中避开可怕的东西，不要盲目地带他们到陌生的环境，遵循循序渐进的原则，多给他们灌输科学知识，讲讲英雄故事等。

建构良好的自尊

父母要懂得尊重孩子，一个孩子只有获得尊重，才懂得尊重自己。一个有自尊的孩子，即使胆小，也不会看低自己，他会维护自己尊严。父母要给孩子多多创造机会展示自己，让他们看到自己优秀的一面。

给予充分的时间

儿子胆子小，不敢和陌生的小朋友一起玩。带他去公园里玩时，有时候看到别的小朋友玩的玩具很有意思，他也想玩，但是不好意思主动加入。我不会着急地跟他说："你过去和他一起玩吧。"而是等一会儿，陪着他在一旁看，看了一会儿再说："你看，你手里的这个玩具也很好玩，要不然咱们过去跟哥哥说，换着玩具玩一玩。"陪着他一起过去。渐渐地，后来碰到这种情况他会主动地自己过去商量。

对于胆小的孩子，父母要多一层理解。在他还没有做好准备时，带他熟悉环境，耐心等待，在他鼓足勇气有一点点进步时，及时予以肯定和鼓励。在这个过程中，父母不可心急，性格没有好坏之分，慢慢地，我们都能做得更好。

小小亲子游戏，培养男孩社交大能力

一天，带孩子去游乐场玩，旁边两个小男孩在一起玩玩具，过了一会儿，红衣男孩抢过蓝衣男孩的火车，跑到另一边玩去了。看到此情景，我想，考验父母对孩子教育方式的时候到了，不由得多看了几眼。

只见蓝衣男孩扭头找到爸爸，爸爸说："你是男子汉，怎么连自己的玩具都保护不了呢？"蓝衣男孩听罢，跑过去一巴掌打在了红衣男孩的身上，抢走玩具，红衣男孩"哇"地大哭起来。红衣男孩的妈妈忙跑了过来，骂了蓝衣男孩两句，抱起孩子扭头走了。

孩子间相处，甚至是孩子和大人之间的相处，都充满了各种各样的矛盾和纷争，怎样解决这些矛盾，是令大人头疼万分的难题。

在《如何培养孩子的社会能力》一书中，美国儿童发展心理学家默娜·R.舒尔提出一套叫"我能解决问题"的方法，在日常生活，父母和孩子的互动中，即使是两三岁的孩子，通过玩"字词游戏"也可以轻松解决这一问题。

第一组字词：是 / 不是

妈妈说："硕硕是男孩子，不是女孩子。"鼓励孩子继续造句。

硕硕说："硕硕是孩子，不是大人。"

"还不是什么？"妈妈问。

"还不是小鸟，还不是房子，还不是冰箱……"硕硕笑道。

妈妈通过"是"和"不是"来让孩子明白两个对立的选择，是不可能同时存在的。

应用：孩子沉迷玩耍不吃饭时，告诉孩子："这是吃饭的时间，不是玩游戏的时间。"

孩子打弟弟时，告诉他："弟弟是用来爱护的，不是用来打的。"

抢别人玩具时，说"这是他的玩具，不是你的。"你会惊喜地发现，练习完字词后，孩子变得听话了！

第二组字词：和 / 或者（还是）

妈妈问："吃东西之前要先洗手，你和弟弟，还是你或者弟弟要去洗手？"

"我和弟弟要去洗手。"硕硕回答。

妈妈继续问："可是只有一个水龙头，你或者弟弟谁先洗？"

"弟弟先洗。"硕硕说。

妈妈通过"和"与"或者"这组字词，帮助孩子在遇到问题时考虑多种可能性以及多种解决办法，而不是脑袋里立刻蹦出来的冲动。

应用：在商场里，告诉孩子，只能买这个或者那个水果 / 玩具，让他自己选择。

妈妈说："今天我们买点橘子和西瓜，还是橘子或者西瓜？"

"橘子和西瓜。"硕硕说。

"好的，那么我们只能买一种玩具，是买挖掘机还是小火车？"

"两个都要。"孩子说。

"不行，只能选这个或者那个。"

"两个都要！我不！"硕硕开始嚷嚷。

"我们没法都要，你选择一个，是挖掘机，或者不是挖掘机。"熟悉的"是 / 不是"让硕硕平静下来，他说："是挖掘机。"

第三组字词：一些 / 所有

"所有的树叶都是绿色的吗？"

"不是，妈妈，有一些是绿色的，一些是黄色的呢。"

"所有的苹果都是红色的吗？"

"不是，一些是红色的，一些是绿色的，一些是黄色的。"

"所有的星星是黄色的吗？"

"对啦，所有的星星都是黄色的。"

"一些"和"所有"会帮助孩子们理解，一个办法可能在一些时候管用，但不是所有的时刻都管用。

应用： 妈妈在做饭，儿子吵着要妈妈陪他玩，妈妈说："妈妈的时间，一些要用来做饭，一些可以陪你玩。现在是妈妈的做饭时间，不是玩的时间。"

第四组字词：之前 / 之后

"咱们是吃饭之前洗手还是之后？"

"刷牙在吃饭之前还是之后？"

"铺床在睡觉之前还是之后？"

"之前"和"之后"帮助孩子考虑事情的前后关系。

应用：临睡前，妈妈问："睡觉之前要干什么？"

儿子听完，乖乖去刷牙了。

第五组字词：现在 / 以后（稍后）

"我现在要玩游戏，但是稍后我要去睡觉。"

"你可以稍后吃饼干，现在不行。"

"我现在不能陪你玩游戏，但是稍后可以。"

"现在"和"以后"这组词帮助孩子处理无法立刻得到想要的东西时的失望情绪，让孩子学会等待。

应用：妈妈在打电话，儿子非要玩手机。妈妈说："现在我在打电话，稍后可以玩手机。"

第六组字词：相同 / 不同

妈妈可以找出一些图画让孩子找，哪里是相同的，哪里是不同的。

"举手和拍膝盖是相同的吗？"

"不同的。"

"我在拍膝盖，你可以做一件相同的事情吗？"

"我在拍手，你可以做一件不同的事情吗？"

"相同"和"不同"这组词帮助孩子思考：不同的人对同一件事情有不同的感受。相同的事情有不同的方法来解决。

应用：吃饭时，儿子不肯使用筷子，坚持用手拿着吃。妈妈说："我使用筷子，你使用手，我们是相同的还是不同的？"

儿子听完，乖乖地拿起了筷子。

综合练习：

比如穿衣服时，问孩子：

"你是在穿裤子还是穿褂子？"

"把你的鞋和裤子拿给我，不要拿褂子。"

"你的褂子和裤子是相同的颜色还是不同的？"

"你在起床之前穿的衣服还是之后？"

"你可以同时穿衣服和抱枕头吗？"

在日常生活中，在和孩子们玩耍时，多加练习这些词组，这样，孩子们发生争执时使用这些词语来解决问题的可能性才会更大。

练完这些字词，让我们来反观文章开头的事情父母该如何引导孩子处理。

红衣男孩的妈妈："这件玩具是你的还是他的？"

"他的。"

"你抢了他的玩具，你觉得他会怎么样？"

"生气。"

"生气之后呢，他做了什么？"

"打我。"

"打你之后你感觉如何？"

"生气。"

"你们两个有相同的感觉，都在生气，那你能想一个不生气的办法吗？"

"一起玩。"

"那样的话会怎样呢？"

"他可能不同意。"

"那你还有其他的方法吗？"

"我把我的玩具跟他换换……"

"对，你想到了两个办法。"

蓝衣男孩的爸爸："儿子你怎么啦？"

"他把我的玩具抢走了。"

"你想现在要回来还是稍后？"

"现在。"

"你觉得该怎么办？"

"我可以告诉他：'这是我的玩具，不是你的！'"

"你觉得他可能会怎样？"

"可能给我，也可能不给我。"

"如果不给你，你打算怎么办？"

"打他，抢过来。"

"那他会怎样？"

"生气。"

"有没有不生气同时能把玩具要回来的方法？"

"我们可以一起玩，或者给他玩另一个玩具。"

"你想到了三个方法。"

与父母强制命令孩子学会分享、禁止打人等方法不同，这种方法能够引导孩子自己思考怎么办以及考虑自己的行为可能造成的后果，学会寻找既能满足自己的需求又不妨碍别人需求的解决方法，对锻炼孩子的思维大有裨益。

从小经历这种训练的孩子，更能懂得如何自己解决问题，他们就不大可能冲动、麻木、好斗、内向。学会如何思考自己与别人的关系，能让男孩拥有良好的社交能力。

做懂礼仪的男孩

妈妈带着儿子出门逛街，正巧碰到朋友，妈妈招呼儿子道："儿子，这是王阿姨。"4岁的儿子往后缩了缩，没吱声。妈妈说："你看这孩子，这么大了，还没有礼貌。"和朋友告别后，妈妈对这件事依然耿耿于怀，不停地对儿子唠叨："你看你刚才的行为，多么没有礼貌。"

礼貌，是高尚者的通行证，越来越多的父母开始注意培养男孩的礼仪。但是这位妈妈想让孩子表现出良好的教养，却采取了适得其反的方法，首先，她当面数落孩子的行为，就是不礼貌的。

父母想要培养男孩懂礼貌，要注意以下几点：

言传身教

父母想要孩子有礼貌，就要给孩子做出榜样。想让孩子主动向别人问好，父母首先自己要做到。另外，要允许孩子有慢慢吸收内化的过程。比如，父母碰到熟人，可以先打个招呼，和熟人聊聊天，让孩子看到父母和对方聊天的愉悦，让他知道，这并不是"陌生人"，然后，把熟人介绍给孩子"这是王阿姨"。如果孩子不肯开口，没关系，别太关注这一点，继续为孩子做好榜样就可以了。孩子慢慢地会开口的。

教给孩子礼仪

在家里，要告诉男孩常用的礼貌用语，比如请、谢谢、对不起、别客气、没关系、您早、您好、再见等。男孩大声叫嚷时，告诉他"要保持安静，小弟弟在休息"或者"别乱跳，会影响楼下的叔叔阿姨休息"等。教他要有公德心：爱护公共卫生，不随地吐痰，不乱扔纸屑果皮；穿着大方整洁，头发干净整齐；不打架骂人；待人态度热情和蔼；遵守交通规则；乘车时主动购票，给老、幼、病、残、孕妇让座，不争抢座位；买东西时要排队付款；爱护公共设施、文物古迹；观看演出和比赛时不起哄，做文明观众；等等。

有一天晚上，硕硕说白天幼儿园老师放了一首歌特别好听，他只记得里面有个词叫"小宝贝"。他很想听，于是我就鼓励他自己给老师打电话问歌曲的名字。他拿起电话筒，说："老师，那个'小宝贝'那首歌叫什么名字来着？我妈妈搜不到。"老师问："你是谁呀？"他答："我是硕硕。"

当时我听了，第一反应是，孩子讲电话的时候太不懂礼貌了。

但是我反思自己，发现我和孩子爸爸在家里通电话时，往往因为是熟人，所以不会说"你好，我是谁谁"之类的话。这件事从根本上还是我们没有把相应的礼仪教给孩子。

挂完电话，我说："硕硕能够自己给老师打电话了，又进步了。下次打电话时，记得先说'你好'和'我是硕硕'，这样老师就能知道是哪个孩子在和她通话了。"

父母要有反思的能力，不能碰到问题就往孩子身上扣"不听话""不懂礼貌"的帽子。孩子对世界的认知是从父母开始的，你做好了，孩子自然会好。

花时间训练

抽个周末在吃饭的时候，父母和孩子一起演练用餐的礼貌，比如不能敲打桌子，不能在满嘴食物的时候说话，不能打断别人谈话，不能在别人夹菜时转盘子，不能拿手抓，等等。还可以演练如何招待客人及去别人家做客时应该怎样做，以及日常经常会出现的场景，如何跟别人打招呼、如何帮别人开门、如何打电话等。

榜样的力量

给孩子讲述有礼貌、品格正直的名人故事，吸引他向榜样学习。

同样一句话，用不同的语气和语调说出来，效果会大相径庭。阿尔弗雷德·阿德勒说："社会利益是心理健康的一把标尺，一个人越是专注于他人和奉献，他的感觉就会越好。"在男孩小的时候，父母就应该要注意对他进行礼貌教育，让他以礼待人，做个文明、热情、礼貌、有公德心的小男生。

冲突对于男孩成长的意义

很多父母都以负面的眼光看待孩子之间的冲突，殊不知，冲突的背后有着非常正面的成长意义。

关于打架

有一天，我带硕硕在小区里玩，一群妈妈们聚在一起聊天，内容引起了我的注意。

一位妈妈说："我家儿子爱动手，跟小朋友一起玩，看到喜欢的玩具就要抢过来。现在虽然他上幼儿园了，但我仍放心不下，总担心他和别的小朋友打起来。"

另一位妈妈说："我家儿子上幼儿园没几天，就被小朋友给咬了，因为他俩抢同一张椅子。哎，你说这幼儿园的椅子都一样，有什么好抢的呢！"

在自然界，打架基本上都发生在雄性动物之间，它们用搏斗来争夺领地和配偶，证明自己的地位，所以，争强好胜是男性的天性。在男孩小的时候，他们还不具备用理智来解决矛盾和冲突的能力，所以他们更习惯用打架这种本能的方式来解决问题。

男孩体内的雄性激素，是他们发生打架现象的诱因之一。男孩需要在激烈的运动和对抗中释放能量，找到自己的位置。父母要经常带着孩子参加摔跤、拔河、跆拳道之类的活动和运动，很多人担心孩子经常玩这种游戏会变得"暴力"，其实不然，孩子在这样的激烈对抗中懂得了规则，释放了能量，变得豁达，打架现象反而减少。

关于规范

冲突是幼儿成长必经的历程，是"建构自我"的奋斗过程。孩子与人争吵、争抢玩具、打人等行为，都是为了"自我主张"和"自我保护"。一方面，本能地"自我主张"管教别人、侵犯别人、随意拿走别人的东西；另一方面，当别人不愿意被拿、被侵犯、被管教时，本能地"自我保护"。所以，幼儿不停地在"主张与对抗""侵犯和保护"中看见自我的问题、学习自我管理、习得行为规范。

比如，两个小朋友一起搭积木，玩着玩着就会发生冲突。这个小朋友想这样搭，那个小朋友想那样摆，孩子年龄小，沟通能力和理解能力都有限，没办法清楚地表达自己的观点，也不懂得对方的意思，冲突很自然就发生了。

父母要让孩子知道，这个世界每个人都是独一无二的，内心的想法和观点也不同，尽管不一定正确，但都有其价值。每个小伙伴的性格都是不同的，面对同一件事情的看法也会不一样，在和小伙伴相处的过程中，他们会收获开心、快乐、友谊，也可能会有沮丧、难过、受到排挤。

父母要注意发现孩子在语言表达、沟通能力上的不足，引导他们克服自身局限，慢慢学会表达、沟通、去融入、去向他人求助、主动去帮助别人，等等。

关于冷落

有一天，硕硕放学回家一脸不高兴，他说："小朋友们都不理我。"后来问清楚了，原来是因为老师规定上课不许说话，他遵守了，而其他的小朋友仍然在一起聊得开心，他感到受了冷落。我说："妈妈理解了，他们在一起聊得开心，没有带着你，你感到不高兴。"我和他玩了一会儿，等他情绪好了，我再告诉他："小朋友之间玩游戏，图的是高兴。你不要想别人和不和你说话，你要想的是，自己能不能有好点子、好主意，比如跟别人分享有意思的事情或者让游戏变得更好玩，吸引大家来玩，这样问题就解决了。"

很多孩子在父母的溺爱下长大，看不到别人的需要，只会考虑自己的感受，凡事都要按照自己的意思来。而与同伴的交往中，如果只考虑自己，容易产生怨恨和对别人冷淡，拥有不健康的人际关系。我们要教导孩子积极地去关心、去理解他人，做个有价值、懂得付出的人，同时帮助孩子意识到自己的行为会对别人产生什么样的后果。

比如，你抢别人的玩具，别人不乐意，就会还击，他可能会打你，也可能会把玩具抢回去。通过观察和体验冲突，让孩子思考冲突的原因，怎样才能避免问题或者更好地解决问题。我们不可能一直陪在孩子身边，最好的方法是传递给孩子正确的观念，让他懂得在和伙伴的交往中学习和了解什么时候可以适度争取、什么时候需要得体退让。

认知心理学大师皮亚杰说："一般的同伴交往和具体的同伴冲突是儿童发展社会视角转换能力的必要条件，是使儿童摆脱自我中心的前提。"所以，父母要注意引导孩子在冲突中学习解决问题，帮助孩子知道自己行为的界限，学习识别他人的情绪，预见行为结果。在一次次冲突中，练习人际关系的原则和技巧，提高孩子解决冲突的能力。所以父母要能够正确地看待孩子之间的冲突，**每一次冲突，只要处理得当，对孩子的成长都意义非凡。**

培养男孩的领袖精神

硕硕升入中班以后，因为各方面表现优异，被老师任命为男生班长。有一天，我问他："小班长平时都干些什么呀？"他说："就是带着小男生一起玩游戏呀、排队上厕所啊。"我又问："那小朋友们听话吗？"他说："有的不听。"我启发他说："和小朋友在一起时，你可以想想平时妈妈是怎么和你沟通的。"

如果你观察很小的孩子，会发现，即使他只有1岁，他也会懂得用你对待他的方法对待你。比如孩子磕了一下腿，妈妈走过去，抱起孩子轻轻地吹了吹。当妈妈受伤时，孩子也一定会走过来，学着妈妈的样子，冲着妈妈的伤口吹一吹。

父母是孩子的第一任老师，孩子的认知最初是来自父母的灌输，他的言行举止也都会效仿父母。一个孩子经常受到指责，那么他就会学会如何指责别人；一个孩子经常挨打，那么他碰到问题就爱打人；一个孩子经常被夸奖，他就懂得如何去夸奖别人；一个孩子被尊重，他就明白如何尊重别人；一个孩子的意见被重视，他就懂得关注别人的需求。

很多父母都希望能够从小培养男孩的领导力。如果你希望孩子能够有魄力、勇于承担、懂得协调矛盾，而不是毫无主见地跟随，那么首先父母在和孩子的相处中，就要懂得如何来激发男孩在这一方面的潜力。

平等待人

在家庭里，没有谁说了算。碰到问题，大家发表各自的看法，协商解决。英国教育家斯宾塞说：**"对孩子训话意味着你要求他绝对服从，让他像你一样思考问题。和孩子朋友式地交谈，意味着大家一起寻找方法解决问题，重新衡量自己的观点，搞清楚究竟谁的更符合实际。"**

父母要做到尊重孩子的看法，不强迫孩子做我们想做但是孩子不想做的事。比如孩子不想学画画，但是父母强迫说必须去，这样就算孩子照做了，其实效果也不见得会好。

勇于承担

有一次吃饭的时候，硕硕还在玩玩具不肯来吃饭，后来我们吃完饭把饭菜收了，他大发脾气。我等他情绪好了之后说："你今年已经4岁了，是大孩子了，你要知道，碰到问题应该用语言来表达自己，而不是哭闹、生气、发脾气；做错了事情，要学会道歉和改正。"要告诉孩子道理，让他知道行为的界限在哪里。

懂得宽容

有一次我们去游乐场，排队的人很多，售票员态度很不耐烦。前面有位妈妈对售票员嚷嚷了起来。这位妈妈说："什么服务态度啊！"售票员回怼："我也没怎么着你啊？"两个人都很不开心。买完票离开后，我告诉硕硕："这位售票员服务态度不好，我们没必要感到不开心，因为这并不是因为我们做得不好。

但是我们可以宽容一点，她可能是因为家里有事，也可能因为身体不舒服才会这样的。"要让孩子懂得，我们生命里，会碰到形形色色的人，有些人可能会不够友善甚至态度恶劣，这不是我们的原因，我们无须自责。我们不能改变别人，但是可以改变自己的心态，宽容别人的同时，自己也会有一个不错的心情。

体察别人的情绪

有一次孩子爸爸喝完酒回到家，特别想睡觉，但是硕硕一天没有看到爸爸，想和爸爸玩。爸爸硬撑着答应下来，眼皮子却一直在打架。我问硕硕："你有没有发现爸爸今天有什么不同？"硕硕说："爸爸喝酒了，醉醺醺的。"我说："对，你看爸爸，刚才在答应和你玩的时候，眼皮子都在打架，爸爸喝酒后容易犯困，他需要休息。咱们先让爸爸睡一觉好吗？还有妈妈陪你玩呢！"引导孩子通过别人说话的语气、面部表情、姿势等线索观察他人的情绪，做到对他人的情绪敏感，从而思考他人的感觉以及自己的行为，这样孩子长大了才能自然地留心他人的习惯。

展示思考过程

在和孩子一起阅读绘本故事，或者碰到什么问题需要求助时，父母可以向孩子展示一下思考的过程，经由这种展示，孩子慢慢习得思考方式。

比如，有一次我和硕硕一起读绘本《母鸡萝丝去散步》有一个场景是母鸡翻过草堆往前走，跟在后面的狐狸也要翻草堆，但是狐狸却掉进了草堆里。我就提问了："为什么同样是过草堆，母鸡没有掉进草堆里，而狐狸掉进去了呢？"硕硕说不知道。我启发道："草堆是硬的，还是软的？""如果狐狸走在桌子上，会掉进去吗？""对，草堆本身是松软的，所以狐狸可能会掉进去。""为什么母鸡没有掉进去呢？""母鸡和狐狸谁轻谁重呢？"通过一系列的问题，引导孩子学会分析和比较。在碰到类似问题，他才会学习如何思考问题以及怎样解决，经由这种锻炼，他能慢慢地摸索出自己的思考方式。

角色扮演

父母和孩子在家里玩游戏，应该注重引导孩子如何与他人合作，碰到冲突如何协调沟通，碰到困难如何寻求帮助，如何和他人交流协商，等等。

培养孩子的领导力，并非只是培养孩子的一种能力，而是培养起孩子理解世界、思考世界、认知世界、面对世界的一种方式，让他学会如何与他人共处和互动、如何满足自己和他人的需求、如何做到尊重和自尊。而其中，父母的引导和启迪、尊重和爱护十分重要，可以帮助他们成为更棒的自己。

第七章

培养男孩的学习力

怎样勾起孩子求知的欲望呢？

最根本的做法就是引导他们自己思考。

创造一些机会让孩子自己思考，

去感觉什么是对、什么是错、什么应该做、什么不应该做，

而不是全盘说出自己的看法。

男孩到底该不该早上一年学

怀孕后，准妈妈们被人问得最多的问题是："什么时候预产期？"当得知是 9 月初时，大家几乎都很遗憾地说："哎呀，就差这么几天，得晚一年上学呢。"很多准妈妈们不禁觉得很遗憾。

我认识的一个妈妈就有这样的烦恼，在儿子 3 岁时插班上了幼儿园，她想："就差两个星期，没什么大不了的。在家里只是老人看管着，哪里比得上在幼儿园里有小朋友一起玩呢！"

可是儿子入了学，就有了一系列的问题。上学没几天，每天都带着伤回来，更有一次，被小朋友咬了一口，回来却什么也说不出，这位妈妈都不知是怎么回事，每天都焦虑地担心孩子受伤。

后来，幼儿园里举行讲故事比赛，儿子从小就是听妈妈讲故事长大的，平时在家里每天晚上都要听几本绘本故事再睡觉，她想，儿子肯定能拿个不错的名次。

但是比赛结果出来了，儿子没获奖，获奖名单里清一色的都是大月份出生的宝宝。

这位妈妈后悔了，自己心切，让孩子早上学，可是孩子似乎"跟不上节奏"。

幸好，小班升中班的时候，幼儿园重新按出生月份划分了班级。儿子来到新的班级，很快就脱颖而出。他因为表现出色，当了班长，平时带着小朋友排队、做操、玩游戏，老师对他赞不绝口，说他善于表达、上课积极回答问题，也懂得如何交朋友，儿子变得自信了。

差几个月出生，男孩心智发育的差别就很大，尤其男孩小的时候，如果你能意识到新生婴儿和 6 个月婴儿之间发育的巨大区别，也就不难理解 5 岁半孩子和 6 岁孩子的区别，虽然随着孩子成长，几个月的区别会逐渐减小，但 5 岁半他不明白的傻问题，6 岁时对他来讲有可能已经是小儿科了。

相较于女孩而言，支配男孩完成精细动作的运动神经以及认知技能的发育都更迟缓，所以让男孩晚一年上学对他们大有裨益。中国青少年研究中心副主任孙云晓曾建议说，男孩更不宜早于 6 岁入学。他认为，男孩的发育往往迟于女孩，有些 5 岁男孩的语言能力相当于 3 岁半的女孩，提早入学容易造成他们听不懂老师讲课，在课堂上也坐不住，不仅如此，孩子的自制力、注意力、人际交往能力等都达不到上学的要求。

2017 年 7 月《科学》（Science）杂志刊登了浙江大学求是高等研究院和医学院神经科学研究中心的胡海岚团队的一项研究成果，指出动物在战胜一些较弱的对手之后再与更强的竞争者较量时，胜算将会比直接面对强敌大得多。即先前的胜利经历，会让之后的胜利变得容易。科学团队表示，过去成功的经历会通过改变动物的生理结构，来引导其赢得下一次竞争。

无独有偶，心理学中，也有类似的"胜利者效应"。所以说，让孩子在发育成熟后再入学，虽然晚了一年，但是他在学习、人际交往等方面表现良好引起的胜利效应，会对他的成长有莫大的益处。

以加拿大冰球队员为例，他们的生日，十有八九是一二月份出生。生日在大月份，从小就吃香。虽然每个人的发育不同，但是大体上来说，大几个月的人，就比小几个月的人更成熟，更受教练青睐，从此有了更多的心理暗示：我就是最好的，我有信心做好。教练越是鼓励孩子，孩子受到的重视越多，日后成功的概率也更大。

所以，爸爸妈妈们切不可认为让男孩提早入学就可以不输在起跑线上，相反，**提早让男孩入学，他在注意力、语言、理解能力各方面都未能做好准备，反而对他自信心的建立有不可磨灭的不良影响。**

孩子学习是人生的长跑，起跑时做的准备越充分，成功的经历越多，之后人生的胜算把握就会越大。

激发学习求知欲，让男孩远离厌学

有这样一个小男孩，因为父母工作繁忙，他出生后就被送去和爷爷奶奶一起生活。老人年纪大，易疲劳，不爱说话，所以当他哭闹的时候，老人就打开电视机，看到电视机里花花绿绿的图像，他就不哭了。大一些了，该上幼儿园了，爸爸妈妈就把他接到了身边，很快妈妈发现，他光爱看电视和手机，不爱学习。白天老师讲的内容，晚上问他，他总是答不出来。妈妈想要给他讲绘本故事，可他就是不听，要么捣鼓着手里的玩具，要么就跑到一边去。

妈妈很发愁，跑来问我，孩子这么不爱学习，该怎么办？

这跟孩子的成长环境有关，在他通过自己的方式探索世界的时候，接触的最多的是电视机，快餐式的节目做不到启迪孩子的心智。孩子渐渐地没有了求知的欲望，所以就没有学习的念头。

著名的科学家培根说过："知识就是力量。"人生中最大的乐趣莫过于对未知知识的探索和追求。那怎样勾起孩子求知的欲望呢？

最根本的做法就是引导他们自己思考。创造一些机会让孩子自己思考，去感觉什么是对、什么是错、什么应该做、什么不应该做，而不是全盘说出自己的看法。

有一次硕硕问我："妈妈，我吃的食物都往哪里去了？"我说："妈妈也说不好，要不然我们一起去图书馆找相关的书看看，说不定能够找到答案。"

我俩来到图书馆，在绘本区，找到一本相关的书《肚子里有个火车站》。这本绘本讲述了小女孩朱莉娅吃食物的过程，帮助孩子了解消化系统处理食物的流程，而且，朱莉娅不健康的饮食习惯让肚子里的小精灵们集体罢工，朱莉娅疼得躺到床上，靠喝热水和用暖水袋才让小精灵们重新开始工作。

回家后，硕硕高兴极了，他跑去告诉爸爸肚子里的秘密，还要求爸爸和他一起扮演小精灵和朱莉娅，模拟小精灵们在朱莉娅肚子里运作的流程。

这件事还产生了另外一个好处。硕硕有时碰到喜欢吃的食物会狼吞虎咽，后来，我就提醒他："吃慢点，要不然肚子里的小精灵就被食物砸晕啦。"这招还真管用，他听了就开始细嚼慢咽起来。

随着孩子的成长，他会问很多看似很"傻"的问题：天空为什么是蓝的？飞机为什么会飞？我是从哪里来的？……有的家长由于工作太忙，精力不足，就会不耐烦地说："怎么这么多问题？烦死了！"有的父母自己不知道答案，就会随便说个答案敷衍过去。其实，当孩子的提问总是得不到及时确切的回答时，他就会丧失求知的欲望，慢慢错失了成长的好时机。家长要对孩子的提问表现出兴趣，与孩子一起思考，寻找答案，让孩子提问题的欲望不断加强，家长也可以买来相关的书籍，和孩子一起查找，让孩子感受读书的妙处。

众所周知，犹太人是最会运用独立思考创造智慧的民族。犹太人中的杰出代表——马克思，就是依靠"独立思考""怀疑一切"的精神留名青史的。纵观马克思主义，正是在批判中诞生，又是在不断的批判中丰富和发展的。这就不难理解当他心爱的女儿问他"您的座右铭"时，他毫不犹豫地写下："怀疑一切。"

犹太妈妈总是鼓励孩子提问，她们认为提问的过程，也是不断思考、认识世界、掌握知识的过程。犹太人的小孩放学回家，妈妈就会问他："你今天在学校里向老师提问题了吗？提的什么问题？"小孩子说："我问老师，鱼的鼻子在哪里？树有没有眼睛？石头会说话吗？我过马路的时候为什么红灯总是亮的？"

开始的时候，孩子们的问题让人觉得幼稚可笑，但是慢慢地，他们的问题就更加深入和有难度。提问是求得智慧的开始。

不会思考的人，也不会学习。思考让人明白为什么要去做一件事情，探求的是事情根本的原因。诺贝尔奖获得者、美籍犹太人赫伯特·布朗成名之后回忆说："小的时候，我的祖父常常问我，为什么今天与其他日子不同呢？他总是让我自己提出问题，自己找出理由，然后让我自己知道为什么。我的整个童年时代，父母都鼓励我提出疑问，从不教育我依靠信仰去接受一件事物，而是一切都求之于理。我以为，这一点是犹太人的教育比其他人略胜一筹的地方。"

现实生活中，很多父母都疏于提问，甚至自己也怠于思索，孩子放学回家，很少和父母有详尽的交流，聊的多是吃饭、做作业等琐事。不妨多向孩子提一些问题，也鼓励孩子自己发问。多引导孩子观察身边的现象，思考其中的关系，这样有利于启发孩子的思维能力，给孩子一个思考的空间，这样才能激发求知的欲望。求知欲是让人变聪明的法宝。一个人只有拥有强烈的求知欲才能不断地学习，不断地进步，并最终取得成功。人生中最大的乐趣莫过于对未知知识的探索和追求。

有了这一点，你家的男孩也是"出自豪门"

富贵家庭的孩子，从小有很多开阔视野的机会，一两岁就跟着父母饱览祖国大好河山，四五岁就有机会出国旅游，六七岁参加各种夏令营，往来结交豪门子弟，谈吐不凡，所见新奇不计其数。

还有一些家庭，虽不算豪门，却也有资本给孩子铺就名校道路：几个月就开始上早教班，3岁起参加各种才艺班，6岁左右家里就买下几百万的学区房，让孩子享受更好的教育资源。

人常说：孩子见没见过世面，很大程度上是由父母决定的。那么像我们这种平凡家庭，就注定养不出视野开阔、有见识的孩子了吗？我们的孩子就因此输在了起跑线了吗？

美国堪萨斯大学的贝蒂·哈特和托德·雷斯利博士做了一项"美国儿童日常经验的有意义的差异"研究。将42个正常家庭按照社会与经济水平的不同分为3组：福利家庭、工薪家庭、专业人员家庭。从孩子7个月开始，研究人员每个月拜访家庭一次，每次1个小时，将和孩子之间的所有对话用录音机记录下来，并对孩子的行为进行书面记录。

两年半后，研究人员对收集的信息进行整理，发现这42个家庭之间"有意义的差异"。3 组孩子每天听到的词积累 4 年，即到孩子 4 岁时，专业人员家庭的孩子会听到 4500 万个词，工薪家庭的孩子会听到 2600 万个词，福利家庭的孩子只听到 1300 万个词。专业人员家庭的孩子和福利家庭孩子词汇量的差距已经高达 3200 万个词，相当于每秒钟讲 10 个词，连续讲 900 个小时。

这些差异与爱无关，与贫富无关，与教育观念有关。专业人员家庭的父母知道将单词放在有意义的句子中，反复说给孩子听，而造就孩子不同人生的就是他们头脑中的词汇量。

思维的缜密性取决于至少两个非常重要的能力：阅读理解能力和词汇能力，而增加这两种能力的最佳方法，就是父母自幼陪伴孩子进行亲子阅读。通过阅读，把文字以及发音、意义灌输到孩子的耳朵里，带他了解大千世界、发现奥妙、猜测原因；通过阅读，提高他观察事物的敏锐眼光、锻炼想象力、创造力；通过阅读，揣摩别人心情，做到知人和自知；通过阅读，带领孩子看自然风光，看城市人文，看历史过往，看自我人生；通过阅读，带领孩子认知世界、建构世界、思考世界。

有些父母很困惑，说："我也想让孩子爱上读书，可是每次读不了一会儿，孩子就跑掉了，家里买的很多绘本他都不爱看。"

首先，亲子阅读要重视孩子兴趣的培养。

父母以身作则，空闲时间拿出书本来读，孩子就会对书本产生好奇，觉得看书是件有意思的事。有条件的，可以在家里布置一个儿童书架，放置他的绘本，潜移默化地，让书成为他生活的一部分。每次阅读时，让他自己选择一本，避免太多的书导致孩子分心。

其次，尊重孩子的发展规律。

对于 1 岁左右的孩子，注意力时间短，他可能看一会儿就不看了，这时，父母不要强迫，强迫学习会导致孩子的逆反心理。父母可以说："你先玩一会儿，我把这本绘本读完。"然后用夸张的声音继续读，孩子觉得有趣，就会跑过来看。

如果孩子仍然选择去玩，那也没关系，兴趣最重要。

对于大一点的孩子，在阅读绘本时会要求反复讲，连续好几天都只听一个故事，父母要予以配合，切不可贪多求速度，孩子需要在反复练习中消化吸收。

有时，家长买回的绘本孩子不爱读，会感到苦恼。其实，有些书孩子现在不爱看，将来也许会喜欢。硕硕3岁时我给他买了一套《斯凯瑞金色童书》，他一点兴趣都没有，每天都读《巴巴爸爸》系列。等到了4岁时，却对《斯凯瑞金色童书》变得非常喜欢，有些故事每天都要读好几遍。父母要懂得变通，亲子阅读的主角是孩子，要根据孩子的喜好安排阅读书目。

最后，引导孩子思考。

在阅读的过程中，适时提一些问题：为什么这件事情会这样？你觉得后面会发生什么故事呢？他这样做对吗？如果是你，你会怎么做？你还能想到别的解决办法吗？你感觉到了什么？

可以天马行空，鼓励所有答案，别把孩子限制在框架里，让孩子猜想，本身就是对思维的练习。

安徒生从未走出过丹麦，却写出了最美的童话；卡夫卡从未走出过布拉格，却成为最深沉的哲人。吉姆·崔利斯在《朗读手册》中说："你或许拥有无限的财富，一箱箱珠宝与一柜柜的黄金。但你永远不会比我富有，我有一位读书给我听的妈妈。"

或许我们没办法带孩子周游世界，但是我们可以送给孩子书的世界，培养孩子爱阅读的好习惯，让他在书的海洋中探索世界、求得真知。

培养男孩的"国际化视野"

世界是精彩的，但是男孩如果没有一双善于发现的眼睛，世界在他的眼中就是平淡的；世界是广阔的，但是男孩如果不懂得积极探索，世界在他眼中就是狭窄的。养育男孩，应当懂得培养他的"国际化视野"，带他了解不同政治、不同文化、不同信仰、不同民族背后的差异和特点，带他接触和探索外面的世界，不拘泥于一片天地，男孩的很多能力才会得到不断的培养和深化。

有朋友咨询，他非常希望能够开阔孩子的视野，当地的双语幼儿园价格昂贵，他咬一咬牙，给孩子报名了。周末也给孩子安排了很多培训班，珠算、跳舞、画画，希望能让孩子有更多的特长和技能。但是，这样折腾下来，对比别人家的孩子，他却没发现孩子有什么过人之处。他很困惑，不知这样做到底值不值得。

其实，要开阔孩子的视野，不一定就要掌握很多技能或特长，这只是其中的一方面。真正的开阔视野，其实是让孩子能够了解到外界的各种新奇事，去看、去听、去思索，让他对世界充满好奇，让他去发现世界、感受世界，循序渐进地带他感受不同价值观的冲击，接受多种文化的洗礼。

具体方法可以参考：

带孩子阅读各类读物

比如《我来自火星》《人和宇宙》之类的绘本，带他领略地球、火星、宇宙的神奇，让他看到广袤宇宙的美丽。还可以买些趣味历史方面的书，带孩子了解历史大事件等。

给孩子买张世界地图或者地球仪，带孩子认识七大洲四大洋，让他认识各个国家，给他讲述不同国家的风土民情；带孩子认识祖国的大好河山，了解56个民族不同的民族文化；每逢各种民族节日，为孩子创造节日的气氛，向孩子介绍节日的由来和意义。比如，春节时给孩子讲讲"年"，和孩子一起贴对联、包饺子、挂灯笼，给长辈拜年；重阳节时，和孩子一起为爷爷奶奶准备礼物；让孩子体会不同的看待事情的角度。

从孩子的兴趣点入手

通过做游戏的方式和孩子互动，比如，玩地图拼图或者把地图的某一块遮住让孩子猜谜；带孩子参加集体活动，多认识一些朋友；等等。

父母要懂得对孩子投其所好，比如儿子喜欢打篮球，最喜欢篮球明星科比，爸爸就给儿子讲科比的故事，讲他的奋斗史，讲他比旁人更勤奋、凌晨4点钟就起来练球的故事，讲他的故乡，顺便可以讲到当地的地理位置、风土人情等。从孩子兴趣入手的教育方式是最科学也是最有效的。不仅开阔了孩子的视野，还会对他今后认识世界有很大的帮助。

如果男孩喜欢小汽车，逛街时家长不妨帮助宝宝认识不同的车标，介绍他们来自哪个国家以及每个品牌背后的故事，还可以一起动手制作车标，学习车标的英语等。

平时多带男孩出游，增长他的见闻

和阅读书本的体会不同，在旅途中孩子能更为直观、真切地感受到当地的风土人情。家长可以在旅途中多拍些照片，配合介绍当地的书籍，尽量做到深度旅行，这样能够让孩子对旅游的理解和收获更加深刻。

培养男孩的"国际化视野"，让他明白世界之大无奇不有，懂得对不同文化心存敬畏，对不同人看待事情的角度求同存异，这是全球化素养的深刻内涵。而一个人的视野，能够决定他的事业的成就，更能决定他的人生高度。

观察力滋生学习力

前几天，姐姐跟我聊起了这样一件事：外甥的班级组织春游，结束后老师留了作业，让孩子写游记，拍照发到班级群里。姐姐发现，同样是出游，有的孩子对环境观察细致，描述得准确、栩栩如生；而有的孩子泛泛而谈，空洞无物。姐姐纳闷，都是刚进入一年级的孩子，怎么差距就这么大？

其实，这差距的根本是孩子的观察力不同。**观察力是儿童积累知识、发展智力的重要途径**，如果一个人对周围的事物视而不见、听而不闻，他的世界就会很匮乏，空洞无物；如果一个人有观察的兴趣，所见所闻就会在他脑子里留下准确、完整、丰富的印象。

心理学的研究证明：在缺少日常刺激的环境下生活的儿童，在认识的内容上苍白无力，而且注意力涣散，易受暗示，缺乏学习能力。孩子观察力的形成，跟父母的培养密不可分。

早教专家研究发现，观察力作为一种有计划、较持久的知觉，在孩子3岁之后就会逐渐形成，到7岁左右基本成型。那么，对于处在观察力形成黄金期的孩子，我们应当怎么培养呢？

引导孩子勤于观察

达·芬奇14岁的时候，拜大名鼎鼎的画家佛罗基奥为师。佛罗基奥不仅是一个艺术大师，而且擅长数学、天文学等自然科学，喜欢用科学的理论和实践的方法来处理绘画、雕刻艺术。令达·芬奇奇怪的是，老师不是先教他创作作品，而是要他从画蛋入手。达·芬奇心想：画蛋有什么难的？但是老师却让他足足画了几十天。终于有一天，达·芬奇忍不住对老师提出了疑惑，老师说："这是在训练你敏锐的观察力呀。要知道，1000只蛋当中从来没有两只是形状完全相同的，你必须能够迅速而准确地在无数只鸡蛋中发现它们的细微的差别，从而抓住每一只鸡蛋的特征。你仔细观察一下，这只鸡蛋如果这么摆放，阴影在这一面，鸡蛋偏圆一些；如果你从那边看，鸡蛋就好像扁一些。从其他几边看，都是不一样的。如果改变鸡蛋的摆放位置，光线的投射又是不一样的，产生的效果就更不一样了。只有从不同的角度把握这个鸡蛋的形状，你才能真正把它画好。所以，你先得学会从不同的角度观察一个鸡蛋，反复地练习画蛋，这样画什么就都能得心应手了。"在老师的指导下，达·芬奇茅塞顿开，不仅学会了怎样观察事物，还懂得从多角度思考问题，终成一代名家。

其实在我们的日常生活当中，就有很多机会引导孩子细致观察。比如公园的树叶、花瓣，各有不同；比如看到小狗，可以引导孩子自上而下地说出小狗的特征，耳朵是什么形状，身体的花纹是什么样的，尾巴有多长，不同狗狗的区别；等等。孩子小时，可以用提问的方式，等长大一些，鼓励孩子自己描述。只要父母有心，随时随地都能引导孩子自己去观察。

引导孩子思索

牛顿在孩提时代，特别喜欢对事情刨根问底的思考，比如为什么星星会挂在天空？它们会不会相撞？刮大风时，他会去街上走一走，感受顺风和逆风的区别，正因如此，他的观察能力超群。所以，家长在引导孩子观察时要鼓励孩子多多思考，引导孩子透过事物的表面现象看到事物的本质。比如，同一事物在不同发展阶段的特点，不同事物的特点，等等。引导孩子思索背后的原因，启发他归类，联系新旧知识。如蚂蚁为什么能搬动比自身重的东西而蚯蚓却不能搬动东西？为什么树不能动而小动物可以动？为什么鸡的嘴巴是尖尖的？我们今天看到的哪些物品是红色的？碰到的哪些东西是软乎乎的？等等。这样就能促进孩子的智力发育，提高孩子的聪明才智。

拓展孩子的见识

观察力的高低还与孩子视野是否开阔有关。著名教育家威特的儿子是个低能儿，为了将他培养成才，威特进行了种种努力，只要有时间就带他去参观博物馆、美术馆、工厂、医院等。正是各处的参观，开阔了他的视野、锻炼了他的观察力。每次参观回家，小威特就会向父亲讲述自己的所见所闻，为了能够讲述得更加生动，他会要求自己更加细心地观察。后来，小威特9岁就考入大学，16岁获得法学博士学位，成为柏林大学的法学教授。

动用多种感官观察

春天来了，带孩子找找春天的标志：树上的嫩芽、融化的冰、温暖的风；听听树林的音乐会，树枝、花朵、树叶都会发出什么声音；用手摸一摸叶子、树皮、石头的表面，体会不同的触感；用鼻子闻一闻青草、花朵、泥土的气息；用眼睛寻找大自然中的红橙黄绿青蓝紫；辨别耳朵中听到的鸟叫、虫鸣、风声、水声等。这样才能丰富孩子的观察力，让他们的感受更加深刻。

事先告诉孩子观察的任务和目的

有人做过这样一个实验，把两幅乍看完全相同的图片，给两组幼儿观察。一组在观察前告诉他们这两幅看起来相同的图画有 5 处不同；另一组只是要求幼儿找出这两张图片中有哪些异同，而不告诉他们有几处不同。结果一组儿童平均讲出 4 ~ 5 处，另一组儿童讲出 3 ~ 7 处。由此可见，在观察前提出观察任务和目的，让幼儿带着问题去观察，能显著提高孩子的观察力。

著名生物学家达尔文说过："我既没有突出的理解力，也没有过人的机智。只是在观察那些稍纵即逝的事物并对其进行精细观察的能力上，我可在一般人之上。"人的智力活动是从观察开始的，观察对于孩子的成长发育至关重要。所以，父母要引导孩子由观察产生兴趣，在兴趣中思索、学习、增长见识、加深感悟，周而复始，陷入良性循环，增长孩子的能力。看似只是观察生活中的小细微，却掌控着孩子成长学习的成败。

短期学习计划对男孩很重要

　　同事对儿子自幼要求严格，希望孩子能够有优异的成绩，然而令他头疼的是，儿子做事缺乏计划性。他有时间督促的话，儿子是能够执行的，可一旦他放手，孩子的成绩就下滑，为此，同事每天下班都要给他列出计划，帮他检查作业，甚至整理错题集。高考时，儿子不负期望，考取了一所211大学，同事松了一口气，多年的辛苦没有白费。谁知儿子进了大学，期末考试却好几门功课不及格。原来没有了同事的叮咛和嘱托，儿子就像断了线的风筝，找不到方向。他对如何独立学习，如何制订计划毫无概念，无法适应大学的学习、生活和环境。

　　男孩的自控能力普遍比较差，缺乏很好的自我约束能力，如果父母不懂得从小就帮助孩子制订计划，孩子就容易迷失方向。男孩的好胜心强，一旦他有了学习计划，便有了明确的目标和方向，特别是自己制订的计划，能够激发出他学习的主动性。男孩的虚荣心强，当他按照预先制订的学习计划完成任务时，会产生强烈的成就感，而这种成就感能成为一种自我激励的方式，使他对学习自发地产生浓厚的兴趣。

　　所以，父母一定要懂得帮助男孩制订短期的学习计划，一是因为男孩耐性差，长期计划容易坚持不下来，打击自信心；二是因为短期计划更加灵活，如有变化和不适，更加容易变通。

如何帮助男孩制订出适合他学习发展的短期计划呢？父母不妨从以下四步入手：

通过提问题启发孩子自己制订学习计划

父母可以询问他："你想考到多少分？""为了目标你还怎样做？"从最小的规划——一天的课余时间开始，引导孩子自己独立制订计划。父母要懂得把成长的权利还给孩子。不要担心孩子给自己定的目标太高，或者不够合理，最终，孩子都可以在失败中得到经验。

监督男孩实施

孩子由做事散漫到有条理，势必有个抵触、反复的过程，在这期间，父母要及时观察孩子的变化，发现问题，及时处理。通过讲榜样的故事或者寓言的形式给孩子加油鼓劲，让孩子能够养成良好的习惯。

让孩子尝试制订各种计划

不仅是针对学习，在生活中，如何安排自己的课余时间，怎样度过周末，怎样度过寒暑假期，甚至是家庭出游，都可以让孩子参与规划，这样，更能让他得到锻炼。

从实际出发，留有余地

计划要符合孩子现阶段的学习水平和能力，别把计划定得太紧、太满、太死。计划要有一定的机动性，大多数情况下，现实不能完美地跟着计划走，只有留有一定的余地才能增加孩子完成计划的可能性。

有一位父亲，给儿子买了一本故事集，他让儿子每天阅读一个故事，然后再把故事讲给自己听。起初儿子根本记不清故事情节，因此父亲就让儿子拿着书朗读。等儿子读完以后，他让儿子把书合上，再把故事复述一遍。当儿子讲的时候，父亲也不打断他，而是鼓励他把故事讲完。就这样，儿子在父亲的引导下，对讲故事越来越有信心，最后他不用先朗读一遍就可以流利地把故事讲述出来。接着父亲又开始纠正儿子语言上的一些错误，让儿子明白如何运用词汇和句子，并教给他一些表达的技巧。儿子没有让父亲失望，在一次故事演讲比赛中，他获得了冠军。这位父亲是聪明的，他没有急功近利，而是一步一步地教育儿子，终于使儿子讲故事的能力得到了质的提升。

学习计划就像明灯一样，为孩子的奋斗指明方向，而针对男孩的发育特点，制订短期计划更加有利。自幼让孩子有条理地面对学习，养成良好的习惯，掌握制订计划的方法，他才不会糊里糊涂、得过且过。

爱好，是滋养男孩一生的财富

同事的儿子自幼患有哮喘病，治疗这个病最好的办法是通过体育锻炼增强体质，于是同事在儿子 5 岁时将他送去了体校开设的体操训练班。在 7 岁时，老师建议说："孩子的弹跳能力、平衡能力比较好，应该重点培养，可以加入市里的训练队，去寄宿学校。"同事征求儿子的意见，儿子表示愿意，因为他非常喜欢体操。可同事很犹豫，担心影响孩子的学业。但他转念一想："孩子拥有练体操的天赋，进入一个好的环境更能刺激和激发孩子向上的动力，对他能有个积极的影响。"抱着试试看的心态，他一狠心，答应了。

寄宿生涯是艰苦的，上午，儿子去小学上课，下午，接受体育训练，晚上，自己自习，复习功课。在别的孩子还在被家长追着喂饭时，他已经开始学习如何独立；在别的孩子看手机玩游戏时，他已经能够做到按照时间表安排自己的学习和生活；在别的孩子以车代步时，他每天锻炼四五个小时增强了体魄。而推动这一切，让他身在苦中却能倍感甘甜的是，他对体操的热爱和追求，因为这份热爱，他的眼睛里总有一抹独特的神采。

终于，在 13 岁时，他获得了全国少年儿童体操锦标赛的第三名，而他的文化课也在班里名列前茅。

真正的热爱，才能让孩子从内而外产生出一股自我推进的力量，创造自己的人生价值。

童年培养起来的特长，让孩子的人生闪光。还有很多爱好，可以带给孩子宝贵的精神财富。

我儿子硕硕喜欢踢球，因为小区里小男孩多，几个妈妈商量着组织孩子们一起玩踢足球的游戏。都是四五岁的孩子，还不懂得相互协作，混乱地各自跑，却也玩得满头是汗、满脸笑颜。后来，妈妈们让两个小孩子一组，组成搭档，练习传球。一方踢过去，另一方踢回来，发球方接到球算赢一局，以此锻炼孩子的平衡力，不料，却收到了意外的效果。因为孩子发现，自己踢得再有劲也是白搭，得对方接住球才行，所以踢球时不能只图自己痛快，要考虑自己的搭档。再后来，玩起了比赛，每当守门员失球时，大家喜欢责怪他的"无能"，于是我提议，让孩子们轮流担任守门员。当轮到自己守门时，孩子就会体会到原来守门不是那么容易的，对这个角色就多了一分体谅。而且有的孩子反应灵敏，喜欢"突袭"的到来，有的孩子却对突发事情束手无策，孩子们渐渐明白，每个人都有强项和弱项，在球场上最重要的是看团队的协作是否紧密。

体育运动在很大程度上能够塑造性格：怎样帮助别人、争执时怎样做、失败后怎样处理（不要哭、不要打人、不能扔球），赢了怎么做（谦虚、别抬高自己惹人反感）、如何成为团队的一员，如何实现目标、奉献牺牲、相互鼓励。孩子爱好体育运动的过程，也是学习与人协作、相处的过程，在玩乐的过程中，提高了自己的情商。

其实，适合男孩子的爱好有很多，关键是要掌握科学的方法让孩子真正地热爱起来，坚持下去。

儿子在弹钢琴。妈妈说："你以前弹过这首曲子吗？"

儿子："没有。"

妈妈："那这是你第一次弹了？"

儿子："你以为我以前弹过？"

妈妈："是的。"

儿子："那我弹奏曲子的本领肯定提高了。"

妈妈："肯定是。"

儿子弹得更加热情和投入了，妈妈的鼓励非常有效。

这是鼓励的力量，相反地，批评会扼杀孩子的动力。

小男孩学小提琴已经 1 年了，他的父母总喜欢在孩子拉琴之后进行点评，指出小男孩的弹奏犯了什么错，有哪些地方需要改进等，有时甚至大吼："你就不能动动脑子吗？乱弹一气，老师怎么说的你都忘啦？"没多久，小男孩彻底丧失了信心，拒绝再去学琴。

为了学习新的曲子，或者新的乐器，孩子必然会出很多错，此时，他们需要鼓励以及对他们努力的赞赏。错误是可以纠正的，但不是抨击孩子能力的理由。

在孩子压力大、开始抱怨时，妈妈可以说："钢琴确实很难学，而且不容易演奏。不是所有的人都能学会，需要坚强的意志和持之以恒的努力。"

很多家长为了让孩子练好琴，每天把孩子关在家里练习，接受家长和老师的评判，结果却让孩子对音乐从爱好变成厌恶。其实没有孩子会不抵触这种练琴的方式。在一个团体中，孩子更能在比较里发现自己的不足以及别人的长处，在赶超先进的氛围中提高自己。孩子需要伙伴、需要集体、需要聆听和被聆听。给他找个伙伴，一起练习，或者带他多听听演奏会感受音乐，多参加些团队训练，才能让他的爱好有声有色。

很多人认为，爱好可能就是一种特长而已。其实不然，人文、艺术、音乐和运动的熏陶，是决定孩子成人后能否营建自我幸福感的重要部分，能让孩子在独处时也能感受到快乐，在孤独时拥有宣泄的渠道。而这些熏陶只有在幼年时不经意地点滴渗透才能沉淀到孩子的气质当中。

爱好是隐藏在某项难能可贵的特长后面的品格、特质和精神。这些品格特长和精神需要孩子时时、日日、月月、年年不停地思考和锻炼。而父母应该做好的是陪伴和支持。

　　每一个爱好的背后都是孩子奉献出来的大量的时间、毅力、吃苦耐劳的精神。在成绩上难分胜负时，孩子的特长会成为他们的软实力，让他们脱颖而出。一个可以同时把学业和特长平衡得很好的孩子，就是一个对自己高标准、高要求且能够坚守理想的人。

男孩沉迷电子产品，父母该怎么办

有一次，我去硕硕的学校参加家长会，轮到家长提问题的时候，我发现，家长问得最多的问题是："我们家的孩子爱看电视／爱玩手机，怎么办？"

其实，如果我们冷静下来思考，孩子最初是怎样接触到电子产品的，不外乎是这几种情况：孩子调皮捣乱惹人烦，为了能让他安静一会儿，父母给他打开了电子产品；父母工作繁忙，无暇照顾孩子，就让电子产品做"保姆"……罪魁祸首，往往就是父母本身。

而父母之所以对男孩沉迷电子产品如此担忧焦虑，原因无非有几个：第一，沉迷电子产品，时间长了，影响孩子视力，伤害身体发育。部分男孩沉湎于电视，离开电视则目光呆滞，精神恍惚，学习下降。第二，看电视太多，会大大减少男孩的户外活动，阻碍交往能力的发展，一些男孩把电视当作自己的"唯一伙伴"，失去了与父母、老师、同学之间感情沟通和思想交流的积极性，变得内向孤独，脾气古怪，易动肝火。第三，看电视太多，男孩只习惯于娱乐性的生活，对读书、写作业、上课、劳动等会感到厌烦，会使他的逻辑思维能力减弱、理解力下降等。第四，男孩太迷恋电视，会磨灭男孩的意志，使之变得懒惰，怕动脑筋，怕吃苦，为实现目标而努力奋斗的精神和毅力会大大削弱。另外，研究表明，相对于看电视较少的男孩来说，看电视太多的男孩大都比较肥胖，健康状况也比较差，甚至还可能会有暴力和攻击的倾向。

而男孩之所以会沉迷于电子产品，是因为电子产品给他们提供了一个新奇的世界：各种可爱的小动物、各种令人羡慕的魔法、闯关游戏中获得各种奖励等。

那么，面对日渐沉迷的孩子，家长应该怎么做呢？

带孩子多接触有意义的活动

正如大人无聊时就想要刷微信、微博一样，孩子无聊时也会想到玩电子产品。父母要通过健康的情感关系、快乐的游戏和积极的课余爱好，为孩子打开学习、交流的门。为孩子提供丰富多样的生活：逛公园、讲故事、搭积木、做游戏、玩角色扮演、画画、玩橡皮泥、跳绳等，孩子的生活变得丰富多彩、有滋有味，自然就无暇沉湎于电子产品了。

达成约定

著名的儿科医生曾给出建议：在孩子 3 岁之前，看电视一天不能超过半个小时，3 岁之后，可以再增加半个小时。我们可以根据自身家庭的情况，和孩子一起约定玩电子产品的时间，比如：下午放学后看半个小时；功课没做好不能看；每天看一集；等等，时间到了，或者预定的节目看完了，一定要关掉电视。约定以及固定的时间可以给孩子带来安全感，更省去了每日和孩子斗智斗勇的麻烦。

别在男孩的房间放电视机

有的家庭会有一台以上的电视机，理由是让家中不同成员能够各取所需。但如果在男孩房里也放电视机，只会让男孩和家中的其他成员关系更疏远，也会影响他做功课和休息，更糟的是父母无法监控男孩是否看不健康或不合其年龄段看的节目，因此，不要在男孩的房间安装电视机。而且，家长如果有时间，在孩子看电视的时候应该尽量陪同，不仅可以了解孩子的喜好，还可以针对电视内容对孩子进行正面引导，增进亲子关系。

父母要以身作则

如果父母整日眼睛不离电子产品，男孩很容易效仿，父母的劝告也难有说服力。因此，全家人都要检讨自己的生活习惯，尽量避免孩子在家的时候看电视。有些家庭就有这样的规定，从周一到周五，全家人只看晚上 7 点的《新闻联播》，这不失为一种好办法。

总之，父母要正确处理男孩看电视的问题，多加引导和管束，既讲求原则又给孩子相对自由的选择权。一旦男孩明白了父母的苦心，懂得了电视的危害和好处，自然会合理有度地选择自己爱看的、对自己身心成长有益的电视节目来看。

鼓励男孩要讲究方式方法

我们家对门的李叔叔家有个儿子，和我年纪差不多。李叔叔是个知识分子，在我们县城中学教书，酷爱读书，他们家书房里有满满一柜子的书。李叔的儿子尽得他的真传，非常爱看书，而且他很聪明，不管学什么，都是一学就会，从小就在年级里排名拔尖。

不过不知道为什么，李叔叔从来都不夸他儿子聪明，如果亲朋好友当着他的面夸他儿子聪明，他会赶忙否定，说："他哪里是聪明，只不过是懂得笨鸟先飞。"说得多了，大家也都知道了他的忌讳。

李叔叔从小就给儿子灌输了这样一种思想：你并不聪明，你得比别人更加努力，才能有出路。

他儿子也深以为然，知道自己不聪明，就得比那些聪明的同学更加努力。所以，每天大清早，他都去我们楼的楼顶上大声朗读英语或者背诵古诗词。寒暑假，他就在家里读各种各样的书。我和他同年级，他的成绩常常让我望尘莫及，高考后，他去了北京读书，又被保送了研究生，毕业后进入世界500强企业，待遇优渥。

前几天同一栋楼的邻居聚餐，吃饭时大家纷纷赞扬李叔叔教子有方，李叔叔笑着说："哪有什么方法，我不过是懂得聪明往往反被聪明误，再聪明的脑子，没有勤奋和苦功也是白搭。"

我表弟也是个聪明的孩子。我们兄弟姐妹几个人，就数他反应最快，而且他不算勤奋，放学回到家从不学习，然而从小学到高中，一路成绩都很不错。每次大人们夸奖他，舅舅总不忘附和一声："没别的，就是他脑子聪明。"

刚进高中的时候，他的成绩在班里排第八名，可是再往后，越来越差。

他总是觉得自己聪明，不用下苦功，轻轻松松就能记公式、背单词。进入高中，别人都拼了命地读书，他却不以为然，差距终于显现出来了。

刚开始，他不以为然，觉得反正自己临考试前加把劲就能赶上，然而事不如人愿，当他意识到自己的成绩已经和别人拉开了明显差距时，却追不上了。

高考时，他的成绩达不到本科线。

舅舅劝他复读，可他说，他不想死读书，于是选了个好点的大专。

大学毕业后，恰逢社会就业压力大，工作不好找，又加上不是本科学历，所以他随便找了个厂子上班了。现在舅舅每每提起这事，就说："越学越憨，没了原来的聪明劲儿了。"

同样是两个聪明孩子，因为父母对孩子不同的夸奖方式，令他们的命运大相径庭。

宋代诗人林逋在《省心录》中说："父善教子者，教于孩提。"

善于教育孩子的父母，一定是在孩子幼时就开始，同样，对孩子幼时的引导教育，会影响孩子的一生。

每个孩子都有巨大的潜能，而及时、适当的夸奖是开发巨大潜能的金钥匙。那么，到底应该怎样夸奖孩子呢？

夸赞孩子的努力

斯坦福大学教授、心理学家卡罗尔·德韦克的研究表明：从小被夸奖聪明的孩子，往往认为自己的能力只与天赋有关，认为智力和能量是固定的。进而在面对困难时不接受任何的挑战，他们害怕失败了别人会怀疑自己不聪明，选择不尝试，给自己留后路。

而从小被夸赞做事努力的孩子，他们明白成功源于自己的勤奋，相信自己的能力可以通过努力得到提升，容易挑战自己，对自己的进步更感兴趣。卡罗尔·德韦克说："当儿童具有成长心态而非固定心态时，他们才能更好地应对逆境。"

发现孩子的点滴进步

父母往往对孩子期望很高，希望孩子能一下子达到他们的要求，对孩子细微的进步，反应冷淡。须知量变引起质变，平时大量的细微进步，积累起来才有大变化。所以父母一定要善于发现孩子身上的积极变化，给予鼓励。

有一次，孩子们在涂鸦，朋友丹丹的儿子小木两岁多，也拿着笔在纸上画圈。这时丹丹说："小木画的圈圈有进步噢！原来圆圈的两头接不上头儿，今天接上了，是个非常完整的圆圈。"听到妈妈的夸奖，小木开心极了，画得更起劲了。瞧，有心的妈妈总能看出孩子的一丁点进步。

及时鼓励

当孩子取得进步时，希望得到家长的肯定与反馈，如果家长忽视了这一点，就会挫伤孩子的积极性，要懂得给予孩子建设性的鼓励。

硕硕搭完积木，常常不收拾，于是我便说："硕硕，能帮妈妈把积木收拾起来吗？"当他选择过来帮忙时，我会说："谢谢宝宝，宝宝长大了，知道自己动手收拾玩具啦！"得到赞赏，硕硕乐呵呵的，从此，形成了良性循环，每次玩完积木硕硕都会自己把积木收拾好。

夸奖要具体

泛泛地夸孩子"你真棒"或者"你真乖"等，往往起不到积极的作用，一定要结合具体的事例夸奖，以此来肯定孩子的具体行为。

儿子将摔倒的小朋友扶起来，你可以夸："你主动把小朋友扶起来，真是个有爱心的好孩子，小朋友在一起玩耍，就是应当互相关心、互相帮助。"平时你多夸奖："你把地扫得真干净啊。""你自己独立地完成了这个拼牌，真不容易。"这样，孩子的注意力会集中到自己的行为上，明白哪些行为是好的，从而养成良好的习惯。

威廉·詹姆斯说："人性中最深刻的禀赋是被人赏识的渴望。"夸奖，就如同温暖和煦的阳光照耀在大地上，让种子勇敢地生根发芽。学会夸奖孩子，是对孩子最大的爱。恰当的夸奖，让孩子受益一生。

第八章

培养男孩的好习惯

日常惯例表的固定性，能够让孩子有可预测的感觉，

让孩子有安全感，他会感到生活是可控的，

可以促进孩子的大脑发育，

提高孩子自我管理、自我控制的能力。

"日常惯例表"提高男孩的自控力

很多妈妈都有类似的经历：

晚上想让孩子早点上床睡觉，可孩子就是不肯去睡；

早上到点该起床了，孩子却赖床不起；

孩子放了学就吃零食，吃饭的时候又吃不下了；

想给孩子讲故事，可孩子看动画片看得正带劲，没空搭理你……

如果父母能够和孩子一起制订一个日常惯例表，效果就会好很多，孩子参与了制订，更容易把日常惯例表落实到行动上。日常惯例表将每日的活动提前列出，并规划好了时间，使各种活动的转换变得更加容易，大大减少了父母和孩子之间的争执。

以我们家为例，硕硕每日放学后的活动内容包括：

1. 游戏环节，打球、玩角色扮演、捉迷藏、打闹、听歌等。

2. 故事时间，绘本故事能够帮助孩子了解世界、认知情绪、培养想象力和学习力、发展情商、智商、提升美感。除了中文绘本，也可以给孩子讲讲优秀的英文绘本，越早接触英语，孩子以后学习起来越不会太吃力。

3. 吃饭时间。

4.睡前洗漱，刷牙、洗脚等。

5.入睡前亲子时光，男孩喜欢和爸爸或者妈妈单独在一起的时间，他们不擅长向父母倾吐心声，但睡前时间除外。父母利用这一时间和儿子聊聊幼儿园的见闻、讲讲故事，能够更好地了解孩子，并让他们平静入梦。

我下班回到家基本上是 5 点半，6 点开始吃饭。5 点半到 6 点的时间通常是听音乐的时间，选些他爱听的儿歌，他通常会随着音乐跳舞或者跟唱。

在惯例表的内容里，硕硕最喜欢的是玩角色扮演的游戏，有时扮演警察、有时是消防员，玩得不亦乐乎。他最不喜欢的是吃饭，每次吃饭都要喊好几遍才会来到餐桌。所以在安排惯例表每项内容的实际落实时间的时候，我将游戏时间安排在吃饭之后，这样，每当硕硕吃饭磨蹭时，我就会说："快点来吃饭啊，这样就能早点玩消防员的游戏咯！"这样安排能够约束他按时吃饭。

晚饭后，玩游戏到 7 点半，7 点半到 8 点是阅读时间，然后开始洗漱准备睡觉。每日的游戏内容是硕硕选择，有时候他想要打球、有时候想玩捉迷藏。

规划好之后，我将惯例表贴在墙上，并打印出活动的照片贴在一边。孩子都是"视觉动物"，他们需要形象、生动的指令，当看到照片时，他们能立刻明白接下来应该做什么。

需要注意的是，即便有了惯例表，也要给孩子留有充足的缓冲时间。比如，快到 7 点半的读书时间了，在 7 点 20 时就要告诉孩子："还有 10 分钟就要到读书时间了。"让他有个心理准备。否则，孩子玩得兴高采烈，生硬地让他转而去读书，他会反抗或者哭闹。可以提醒他："再玩一次捉迷藏就到时间啦"或者"再打一次架就到点了哦"。

这样，孩子更容易接受和执行。

另外需要注意的是，清单上的任务保持 3 ~ 4 项，最多不超过 6 项，让孩子自己列出。执行时，父母要保持立场坚定。孩子由放羊式管理到受约束，肯定会不习惯，父母要允许他有个适应的过程，在孩子反抗时，多动脑子想办法进行引导："你的日常惯例表的下一项是什么？""你告诉妈妈，咱们约定接下来要干什么？"在孩子积极配合后，画个红心或者小贴画给予肯定。你的立场坚定了，孩子们也会改变自己的行为作为回应。

《儿童发展趋势研究摘要》中指出：那些生活在每天的生活可以预测的家庭中的额孩子，在学校里会做得更好，并且自我控制能力更强，这种自我控制具有迅速恢复的特点，最常见的就是适应能力。

而日常惯例表的固定性，能够让孩子有可预测的感觉，让孩子有安全感，他会感到生活是可控的，可以促进孩子的大脑发育，提高孩子自我管理、自我控制的能力。

就寝前的亲子时光拥有神奇的力量

硕硕上幼儿园时，刚满 3 岁，虽然他的语言表达能力不错，却从不向我主动聊起在幼儿园的见闻。每天放学后，我都会问他："今天在幼儿园有什么有意思的事吗？""没有。"和哪个小朋友一起玩了？"他还是摇摇头。我对他在幼儿园的情况一无所知，总是会担心，有小朋友欺负他吗？他在幼儿园里交朋友了吗？老师讲的课能听懂吗？入园的前几天，我每天都生活在焦虑里。

直到有一天，我在《正面管教》上看到这样一段话，实践后，令我豁然开朗。

书上说："由于孩子们在入睡前通常感到很舒适并且愿意说话，就寝时间可以成为你们每天最好的时刻。你会吃惊地发现你和孩子相互了解了那么多。这种时刻的作用远远超出了帮助一个孩子入睡，充满了相互之间的爱、信任和甜蜜。"

于是，我和硕硕实施了这个环节，并称它为"秘密游戏"，是独属于我们两个的秘密环节。我和他互相说出今天发生的高兴的事和伤心的事（注意要让孩子先说），果真，很多白天问他不愿意回答的问题，在"秘密游戏"时间，他都非常乐意回答。

比如说：今天老师表扬他了。

小袁抢他的玩具了。

他被老师任命为班长了。

从此，我再也不用担心了，因为无论是发生了高兴的事，还是难过的事，在"秘密游戏"这一环节里，我都能够知道。

怎样有效实施呢？

认真观察孩子，给"秘密游戏"寻找素材

白天时我和硕硕打球，接球的时候他几乎都没接住，后来就一直气鼓鼓的，说什么都不听。晚上轮到我说高兴的事了，我就说："妈妈在单位制作一个报表，不会弄，挨了领导的批评，后来妈妈看书学习，又请教了很多同事，才把报表做了出来。无论是谁，都会碰到困难，也会犯错，但是及时改正，认真学习，就会越来越好。"硕硕听了，问我："那我认真练习，以后就能接到球了吗？"我说："当然。"硕硕终于露出了微笑。

多用积极的语言鼓励孩子，而且要具体

有一天晚上，我和孩子爸爸、硕硕三人进行讲故事比赛。轮到硕硕讲时，我发现硕硕特别紧张，急匆匆地就把故事讲完了。睡前，轮到我说高兴的事的时候，我就说："今天硕硕讲故事讲得特别好，妈妈都没想到，硕硕把故事情节记得这么准。不过你讲的时候，如果能跟爸爸妈妈一样加点动作，来点提问，就更好了。"第二天，硕硕果真开始提问了，而且讲到高兴时，还挥舞起小拳头。

教给孩子解决问题的方法

硕硕生气起来有时候会打人，而且摔东西。晚上轮到我讲生气的事时，我就说："妈妈今天碰到了一件生气的事，妈妈是怎么排解气愤的呢？（1）我把这件事告诉了爸爸，说出来后，就没那么生气了。（2）可以喊叫、可以哭泣、可以砸枕头等。（3）但是不管如何，不可以打别人，也不可以摔东西。"

后来，硕硕在生气打人和摔东西的问题上就有所收敛了，很多时候，孩子的行为除了问题，是因为他不懂得解决的办法，需要父母及时帮一把。

通过"秘密游戏"，不仅能了解孩子一天的表现，而且能知道孩子内心的感受、想法，更能让爸爸妈妈们对孩子进行高效的引导教育、给孩子树立好榜样、教导孩子学会保护自己、学会和朋友相处……

美国作家哈伯特说："父母总想给孩子一切，却把孩子最需要的一件东西排除在外，那就是时间——倾听孩子说话的时间，理解他们的时间，帮助和指导他们的时间。"事情听起来简单，但实践起来却是难的，也是为人父母者要做出最大牺牲的事情。

而孩子们急需知道，并以他们能够理解、能够记得的方式听到，感受到父母的关心和帮助。就寝前的亲子时光就拥有这样的神奇作用，让我们教会他成长，给予他爱。

好的就餐习惯从何而来

朋友是一位二胎妈妈，为了两个儿子的就餐问题头疼不已。老二1岁两个月，刚学会走路，每天吃饭时得跟在屁股后面追着喂，吃饭成了妈妈的体力活；老大4岁了，大人吃饭的时候，他就在那里玩玩具，十遍八遍地喊，也喊不过去，每次都是快要收拾桌子了，才赶过去喝碗汤，胡乱吃点就拉倒。吃饭吃不好，两个孩子都长得瘦瘦的，朋友看了很心疼，可是没有办法。

其实，孩子学习吃饭也有黄金期，父母要利用好孩子学习吃饭的大好时机。

萌芽期：6～10个月

这个时候孩子开始对大人使用的筷子、勺子感兴趣，大人喂饭时，他会想要夺勺子，所以父母要多拿一个勺子给孩子玩，孩子拿着敲敲打打，学着大人的样子舀东西，锻炼手部的力量，学习如何握住勺子。

黄金期: 12 ~ 24 个月

孩子的四肢开始协调发育,父母要给孩子准备独立就餐的小桌子,放手让孩子自己拿手抓饭以及自己使用勺子,给他戴上围兜,一顿饭吃下来可能会弄得一地狼藉、满身脏乱,没有关系,不要责备孩子,这是孩子通过实践练习迅速掌握将食物送到嘴里的技能的大好机会。当父母帮忙时,孩子往往是拒绝的,他要坚持独立完成,父母要给予他机会和理解。

巩固期: 2 ~ 3 岁

两岁左右的孩子动手意愿更加强烈,这个时候手部力量也变得更大,协调能力更强,能够抓着餐具,把饭送到口中。在对孩子独立吃饭表示赞赏后,父母要注意给孩子说一下餐桌礼仪,比如不能乱敲桌子,不能直接把手伸进盘子里,等等,让他懂得吃饭的规矩。

在孩子 1 岁左右,慢慢地开始产生自我意识,想自己拿着勺子吃饭、要自己决定是现在吃,还是待会儿再吃。然而很多父母往往因为容忍不了孩子带来的麻烦,强行给孩子喂饭,惹得孩子大哭,或是自认为孩子饿了,该喂东西了,于是追着喂、硬塞,其实孩子本身不饿,根本不想吃东西。还有很多父母喜欢在吃饭时教育孩子:"把这碗里的菜吃完,否则不能去玩。""快把这鸡蛋吃完,你看你,还不如你弟弟吃得多呢。"这会导致孩子对吃饭丧失兴趣,觉得吃饭是件讨厌的事。

在孩子吃饭这件事上,爸爸妈妈要和爷爷奶奶事先商量好,统一思想,不过度关注,把吃饭的权利还给孩子,给他机会让他学会自己安排自己的事。

简单来说,就是尊重孩子的选择,也让他承担自然后果。告诉孩子开饭了,如果他不来吃，就告诉他，大家吃完饭后就把碗给刷掉，到时候他就没有饭可吃了。而且，直到晚上睡觉，也不会再给他做任何饭菜（把饼干等零食都藏起来）。说的时候要坚定，让他知道，这不是开玩笑。

如果孩子不肯配合，那么就让他承担饥饿的后果，饿上两顿也没有关系，孩子都很聪明，知道爸爸妈妈言出必行，就会调整自己的行为，改掉自己的坏习惯了。

专注的孩子是怎样养成的

最近新加入了一个家长群，看看家长们聊的孩子身上的问题，真是五花八门：

翻开作业本写作业，写着写着说饿了要吃面包，边吃边写，又要喝水，倒水的时候刷了刷杯子……过了半个小时，才做完一道题。

孩子喜欢买玩具，可是老是玩一小会儿就不玩了，三分钟热度。

上课的时候，一会儿咬手指，一会儿抠鼻子，一会儿跟邻桌说说话，一会儿蹬着凳子玩。

……

问题各有各的不同，可归根到底却是相似的，就是孩子的专注力差。注意力这个问题在孩子小时候就要注意培养，否则会影响到孩子的智力发育，学习成绩也令人堪忧。

按照心理学的理论：注意力不集中是指心理活动对一定对象缺少指向性和集中性。指向性表现为对出现在同一时间的许多刺激的选择，集中性是指对干扰的抑制。

专注力不是天生的，需要在孩子 0 ~ 6 岁这个阶段有意识地进行培养。父母可以从以下几个方面入手，培养孩子的专注力：

兴趣引导

找到孩子的兴趣，给孩子足够多的时间和安静的环境。

硕硕4岁的时候，喜欢上《西游记》里的故事，一回接着一回地听我们讲，也不会感到烦躁。在大人忙碌的时候，他会自己翻开书，自己给自己讲。可见孩子的兴趣很重要，在孩子沉浸在自己喜欢的读物中时，时间不知不觉地度过了，注意力无形中得到了训练。

游戏引导

父母带孩子多玩一些能够提升专注力的游戏。

3～4岁的孩子专注力的时间是3～5分钟，家长可以给他读绘本，要声情并茂，最好配合夸张的肢体动作和表情，引起孩子的兴趣。

4～5岁的孩子专注力的时间是10分钟，注意力依旧薄弱，可以多让他画画。市面上还有一些锻炼孩子专注力的书籍，可以买给孩子看看，比如"走迷宫""找不同"等。也可给孩子买一些拼图、七巧板等玩具，在玩乐中锻炼专注力。

5～6岁的宝宝专注力的时间是15分钟，可以自主地进行阅读和游戏，父母在陪伴时可以引导孩子用语言来描述有意思的情节和景色，通过描述，吸引孩子的阅读兴趣，提高他的注意力。

7岁的孩子，注意力能达到20分钟，可以做些益智类游戏。比如舒尔特方格训练法等，家长制作一些表格，不仅可以简单测量孩子的注意力水平，而且是很好的锻炼。

不打扰

孩子正在给画纸涂色，一圈圈地涂得很专心。一会儿奶奶走过来问他喝不喝水，一会儿妈妈过来问他冷不冷，一会儿爸爸走来说，咱们出去透透气。很多时候，父母看似"好心"，却在无形之中破坏了孩子的注意力，本来很专注的孩子一次次地被打断。所以，无论孩子是在画画还是做什么，父母要避免打扰到孩子，在孩子停下来时，再询问是否需要帮助。

寓教于生活

如果孩子喜欢听故事，家长可以在讲故事的时候适时地提问几个问题，提升他的听觉专注力；如果孩子喜欢唱歌，家长可以多教教唱歌；如果孩子喜欢手工，家长可以陪他一起剪纸，手工要求孩子手、眼、脑并进，孩子动作专注力会慢慢提高。逛街时，要求孩子把看到的事物描述出来，回忆今天都逛了哪些地方、看到了什么，这样能够拓展孩子注意力的广度。

另外要注意，小朋友对于爱看的动画片，总是目不转睛，就连父母叫他，他都听不到，为什么？因为动画片非常有趣，多维度的刺激会让大脑产生一种叫多巴胺的东西，多巴胺持续上升会导致大脑的敏感度降低，导致强刺激性的东西才能够吸引孩子的注意力。看电视、看手机对孩子注意力有很大的损伤，所以父母要减少孩子玩手机看电视的时间。

专注力对孩子一生的重要性不言而喻，提高孩子的注意力也不是一朝一夕的事情，家长要注意循序渐进，不打扰、不打断、不唠叨，只要坚持，孩子的专注力水平肯定能得到提高。

孩子在探索世界，却被你生生打断

　　妈妈在厨房做饭，两岁多的儿子自己在客厅玩。过了一会儿，妈妈做完饭，循声走进卫生间。她看到地上到处都是水，满满的一桶水只剩下半盆，泛着白色，儿子正把肥皂搓在小凳子上，满满的肥皂泡，身上的衣服都湿透了。

　　原来，儿子上完厕所，看到一旁水桶里的水，玩性大发，找来几个小瓶子，把瓶子灌得满满的，一抬头，看到一块肥皂，妈妈经常用它来洗衣服，却不让他碰。趁妈妈不在，儿子立即把肥皂拿在手里玩了起来。

　　"真滑溜啊，真好玩。"儿子想，"这肥皂放在水里把水都变白了。要不，我学妈妈洗衣服吧。"儿子看看周围，没有什么衣服可洗，于是他搬出屁股底下坐的小凳子，专注地拿肥皂搓起小凳子来。

　　妈妈怒吼道："你在干吗？！你看看你把这地上弄的，到处都是水！这肥皂怎么剩这么点！你身上衣服都湿透了！"妈妈不住地拿手指点着，蹲在地上的儿子看着高大的妈妈愤怒的脸，不知所措。

　　儿子在探索这个世界，水、肥皂、瓶子，都那么有趣，但妈妈的到来打破了这个快乐，儿子在妈妈的责骂下，再也不敢去玩水和肥皂了。

　　记得硕硕1岁1个月的时候，有一次我带他上完早教课，在储物间拿了东西，正准备离开。这个时候，硕硕对一个个小格子产生了极大的好奇。只见他拔下钥匙，再插上，虽然他的手没有那么大的劲儿，但他一直在尝试，实在弄不下来就看看我，寻求我的帮助。他就一直这样，关完这个小格柜子再去弄另一个，足足玩了1个多小时。当时我就惊叹，这么小的孩子，探索世界的热情就那么大，能够坚持这么长的时间。

所以，宝宝一出生，就对周围世界充满了好奇心和探索的欲望，他们会调用所有的感官去分析、去了解、去认识他们感兴趣的每一个物体。孩子抓起玩具乱扔，是在了解玩具下落的原因，孩子咬纸，是想了解纸到底是个什么味道，孩子能自发地调动所有的脑神经介质，从周围环境中汲取大量的信息，迅速地学习、吸收、内化。

美国加州大学心理学教授艾莉森·高普妮克坚定地指出，我们的宝宝，是与生俱来的学习者，他们无时无刻不在学习，他们知道的东西，比我们想象的要多得多。

生活中有很多这样的父母，认为很多的东西孩子是不能碰的，不能抓沙子，因为太脏；不能玩石头，怕砸到脚趾；不能碰这、不能碰那，否则就是不听话，遭遇训斥。各种各样的规矩会让孩子误以为自己的探索是不对的，长期如此，孩子就会对自然中的事物失去热情和兴趣。

研究人员做过这样一个测试：把4岁大的孩子分成两组，一组告诉他们："我也不知道这个玩具怎么组装，我们一起试试看。"然后，研究人员尝试了多次操作，故意加了很多多余的动作。之后，让这组孩子自己操作玩具，令人意外的是，很多孩子都能够根据他们观察到的统计规律，排除多余动作，准确而简短地组装好玩具。

对另一组孩子，研究人员直接说要教他们组装玩具，然后用玩具示范，方式和上次一样，结果，这组的孩子全部照搬研究人员的动作，没有一个人去尝试简短的方法，因为孩子们认定老师教给他们的就是最有效的办法。

所以**孩子们面对大人的指导时，会自然地改变自己擅长的思维模式，遵循成人给的方法，在很大程度上，会导致孩子们创造力的下降。**父母要想保护好孩子天生的学习欲望，就要鼓励孩子多摸索、勤提问、少灌输、少强迫，让孩子通过探索，构建起自己的认知世界。

分离是一种成长——孩子进入幼儿园

我还记得硕硕 3 岁刚开始上幼儿园的情景。正值幼儿园开学季，刚进入小班的宝宝几乎都在哭闹，硕硕也哭得很伤心，我一狠心，扭头走了，然后躲在暗处观察。我看到硕硕哭了一会儿，就跟老师一起玩了起来。

我松了一口气，扭头刚准备走，听到旁边一位妈妈威胁她的宝宝说："别哭了，你再哭，我就不来接你了！"结果她的宝宝哭得更凶了，哭得撕心裂肺，手紧紧抓住妈妈的裤子。

其实，**孩子最大的恐惧是父母不再爱他、抛弃他**。像约翰·斯坦贝克在《伊甸园之东》一书中描述的那样：孩子最大的恐惧是他不再被爱，不被父母接受使孩子处于害怕的状态……随着不被父母接受的感觉而来的是愤怒，随着愤怒而来的是某种报复性的犯罪……有个孩子，他渴望的爱遭到了拒绝，于是就通过踢打猫来发泄并把自己的内疚隐藏起来；另一个孩子偷窃，想用钱使自己得到爱；第三个孩子想征服世界——处在犯罪和报复以及更多犯罪的循环之中。

所以永远不要威胁孩子说要抛弃他。孩子们都是善于幻想的，父母威胁的话会令孩子幻想自己真的被孤零零地丢在世上。

孩子自幼跟着父母长大，乍一离开家，进入一个陌生的地方，必然有恐惧心理：是不是从此以后就见不到爸爸妈妈了，幼儿园的老师好吗，小朋友们好吗……对于父母来说，幼儿园里有很多小朋友陪孩子玩，能够学习知识，还有很多玩具和游戏，是个很棒的地方，但是对孩子来说却充满了未知和恐惧。

所以，父母在送孩子进入幼儿园之前要做好孩子的心理建设。父母可以用游戏的方式让孩子理解分离：

玩"再见"的游戏

爸爸、妈妈和宝贝打招呼，然后说"再见"，躲到一边，过一会儿再露出头来继续打招呼，不停地重复见面、分离，让孩子知道分离后还会见面，并且慢慢地延长分离的时间，让孩子学会更长时间的等待。

角色扮演

妈妈扮演孩子，让孩子扮演妈妈，妈妈装哭、像个孩子似的说："我不让你走！"孩子们的角色被置换了，会尝试着逃走，妈妈继续装作要抓住他，最后还是让他们成功逃走，这样孩子会感到自信有力量。

读故事

在《魔法亲亲》绘本故事中，妈妈送小熊上学去，然后在他的掌心印上一个吻，告诉他，妈妈会陪伴着他，如果他想妈妈，把掌心按在脸颊，妈妈的吻就会温暖他，就不会感到孤独和害怕了。讲完故事，妈妈也可以和孩子约定一个再见仪式，可以是吻，也可以是一个宝宝心爱的小物件，陪伴他去上学。

提早了解幼儿园的环境

妈妈可以提前带孩子去幼儿园看看，或者拿手机拍一些照片，回到家里让孩子提前了解。这是游戏区，这是绘本区，这是玩具区，这是户外活动区，等等，给他讲讲在幼儿园的一天将会怎样度过。如排队、上厕所、听故事、玩积木、看动画片、去户外滑滑梯等，孩子知道在幼儿园里会干什么，就会消除一部分恐惧，没那么害怕了。

每个孩子的适应能力不同，父母不要在心里做预设，孩子入园哭闹到底会持续多少天，这个因人而异。像硕硕用了大概 3 天，邻居家孩子一入园就很适应，硕硕班里有孩子是入园 20 多天仍不愿意去幼儿园的，这都是正常现象。在孩子哭闹着不想去上学时，抱着他，看着他的眼睛，告诉他："你长大了，就要去幼儿园读书，就像爸爸妈妈每天都要上班去工作一样，读书是你的责任、你的事情，必须得去做。"让他知道，这是必须的事，没有商量的余地。进入幼儿园的分离，是孩子成长路上必须要迈的一个坎儿，家长不要因此太过焦虑。

《游戏力》的作者科恩博士说："游戏是孩子的语言，是他们的工作，也是他们生活的世界。"父母要用孩子能够接受的方式，陪伴孩子、影响孩子、缓解他们的焦虑，顺利地帮助孩子度过入园焦虑期。

男孩的房间也可以很整洁

周末，朋友带着儿子来我家玩，看到硕硕整洁的房间，惊讶不已。"我儿子的房间成天乱糟糟的，玩具、书、衣服扔得到处都是，我成天跟着收拾都快累死了。"她求助说，"赶快把你的小妙招教给我。"

很多家长都在为男孩的房间发愁，因为男孩并不像女孩那样爱整洁、爱收拾，即使房间乱糟糟的，他们也往往视若无睹，更别提收拾了。

硕硕3岁以后，我开始有意识地锻炼他自己收拾房间，主要是玩具、书，为此，我买了玩具筐，还有矮的书架，方便孩子摆放。每次玩完玩具，我都要求硕硕收拾起来，再玩别的。开始时还行，可后来他就不乐意了，因为他急着去玩下一个游戏，所以常常顾不上收拾。后来我用了下面的方法，还真管用。

体验后果

有一次，硕硕把消防车一丢，就出门玩了，到了下午，他想玩车时，发现找不到了，他满屋子转悠，边转悠边嘟囔："我的消防车哪里去了？"我趁机说："如果玩完之后，把小车放在玩具筐里，下次要玩的时候就能很容易找到了啊！"

他意识到了不收拾玩具的后果，开始有动力收拾玩具了。

可是没几天，他又开始犯懒了，他把他的玩具汽车全部并排摆在沙发上就要去睡觉。我说："把它们放进玩具筐里，要不然明天就找不到了。"他说："没事，都在这摆着，明天肯定能找到。"我说："一会儿我要坐在这儿休息，你如果摆在这里，我就给你收走。沙发是用来坐的，不是摆放玩具的。"说完，我就要拿走。他连忙制止，我说："既然这样，那你自己把玩具收拾好。"他听了乖乖照做了。

明确责任

在孩子高兴的时候，一家人坐在一起，明确各自责任分工，比如妈妈负责厨房，爸爸负责扫地，孩子负责擦桌子。让孩子明白，作为家庭的一分子，他需要承担一部分家庭责任。确定一个全家人一起做家务的时间。

花时间训练

要花时间训练孩子，教给他做家务的方法，对于孩子的成果，多给予肯定。比如孩子擦桌子，可能并没有擦得很干净。你可以说："你干得真快，你瞧，妈妈觉得这样做，桌子会更干净。"并且手拿抹布示范如何将桌子擦得更干净。

快乐劳作

父母和孩子比赛，看谁先干完活儿；或者数 100 个数，看谁没有做完；等等，让孩子高高兴兴地享受劳动的乐趣。

奥地利心理学家阿尔弗雷德·阿德勒在《儿童人格教育》一书中说："**一个**

有拖延习惯的儿童背后，总有一个事无巨细为其整理收拾的妈妈。"父母要改变自己对待孩子的态度，事无巨细不行、生硬地要求不行、过于唠叨也不行，开动脑筋，用男孩可以接受的、有效的、有意思的方法引导他改变。

理财小帮手养成记

　　有个家庭，在儿子 3 岁多的时候，妈妈就开始教给他辨认不同面额的纸币，1 元钱可以买棒棒糖或者一根火腿肠；两张 1 元钱可以买一小袋糖果；3 张 1 元钱可以买小车玩具……周末逛超市时，妈妈会带他认识商品的价格，让钱数在他的心里更具体、更形象。

　　4 岁半的时候，妈妈为他买了一个存钱罐，每天给他 1 元钱的硬币，妈妈告诉他，不是有了钱就可以随心所欲地花掉，而要学会攒钱，然后用钱做有意义的事情。儿子喜欢把硬币放在存钱罐里，听叮叮当当的声音，慢慢地开始有了存钱的习惯。

　　每周末，全家人一起去超市购买物品，妈妈会事先列一个清单，同时，也询问儿子的意见，看他希望买什么，不过，只能用他自己存钱罐的钱。当儿子第一次用自己存钱罐的钱买了最喜欢吃的巧克力时，激动得小脸都红了。

　　7 岁时，儿子在超市里看到了一个非常喜欢的葫芦娃组装玩具，30 元钱，可是自己存钱罐里只有 10 元钱，他央求妈妈花钱给他买下。

　　妈妈说："你的钱不够，可要加油继续攒咯。"儿子不依，坚持要买玩具，妈妈说："等你攒够 20 元的时候，妈妈可以借给你 10 元，来买下这个玩具。"

回家后，妈妈又教给了儿子一个新的技能——记账。记账能够帮助孩子更直观地认识自己的消费活动，产生节约意识，知道钱都花在了哪里。通过记账，妈妈给儿子分析，如果他每周少喝两瓶饮料，就能够省下这 10 元钱，很快，葫芦娃的组装玩具就买回来了。

儿子 9 岁，妈妈和爸爸去银行存钱时，也把儿子带去。她会告诉儿子，他们家每月有多少收入、日常消费多少、储蓄多少，让孩子明白，过日子要算计着过，花钱要量入为出。正因如此，儿子从不和同学攀比吃穿，因为他懂得，自己真正需要的是什么。

有一次，他看到超市新出了一款变形金刚的玩具，65 元，很想买，蹲在那里看了很久。回家路上，妈妈问他要不要攒钱买一个，他说："太贵了，而且跟我原来那个差不多，我还是留着钱买别的吧。"

现在很多家庭是"4+2+1"的模式，父母对孩子有求必应，孩子想要什么就有什么，不懂得钱的来之不易，长大后更容易与人攀比、盲目摆阔，不体谅父母挣钱的艰辛。这位妈妈的做法非常值得借鉴和学习，对孩子自幼的引导，不仅培养了孩子的计数、计算能力，而且培育了孩子的理财观念，让孩子懂得钱的来之不易。

需要注意的是：

1. 不要把金钱作为惩罚或者奖励，因为父母给予孩子零用钱，是要教给孩子学会如何正确地运用金钱，掌握一项生活技能。

2. 如果孩子用完了自己的钱，你可以借钱给孩子，但是要商量好还钱计划。

3. 当孩子花光零用钱时，不要解救他，要让他学会克制和考虑后果。

4. 可以经常和孩子探讨孩子在消费方面的选择，分析利弊，引导孩子思考从中能够学到什么以及如何运用所学做规划。

6. 零花钱定期定量给，具体多少，要根据家庭情况量力而行，但周期不要太长，因为孩子太小，太长的周期对他毫无吸引力。

7. 零花钱的使用原则是，尊重孩子的意见，定向使用。可以跟孩子约定，零花钱用来购买学习生活用品之外的零食或玩具等，除非涉及人身安全，只要在孩子可以支付的范围内，家长要放手让孩子体验，这样他才能真正判断钱花得值不值。

很多父母因为幼时生活贫瘠，不舍得让孩子再"吃苦"，总是对自己吝啬，对孩子大方，养大了孩子的胃口，花钱大手大脚而不知道珍惜。要让孩子认识金钱、学习理财，明白挣钱不易，体会父母的辛劳，让他们亲自实践，如何精明地花钱，学习如何追求更有价值、更加美好的东西。

第九章

尊重男孩，他有"知性"的权利

小孩对世界充满了好奇，对自己的身体也是，

当他表达出疑问时，就是父母进行性教育的最佳时机。

孩子爱摸"小鸡鸡"，父母该怎么办

儿子3岁，妈妈带他参加聚会，正值夏天，天气炎热，调皮的孩子们一起在院子里面跑，跑累了，坐下玩，儿子却在一边摆弄起了自己的小鸡鸡。妈妈见了，感觉特别难为情，连忙上前训斥："干啥呢？不能再摸了！"

很多妈妈都有这种尴尬的经历，因为对于2～6岁的孩子来说，摆弄生殖器是很常见的现象，这是他探究身体、发现身体带给自己快感的一种正常的行为。在换尿布、洗澡时，婴儿们也常常被身体某些部位产生的快感吸引，他们的小手便常常伸过去摆弄起来。对他们而言，这是身体上的一种快乐，不是大人们想的那样不堪。大人不应把自己的看法强加给孩子，没有必要训斥或者羞辱孩子，这样会让孩子感到丢脸和尴尬。

特别需要注意的是，**千万不能向孩子灌输生殖器是邪恶的概念，这会导致孩子长大成人后的性问题**。要告诉孩子，身体的每一个部分都是美好的，我们要接受它。

最明智的做法是，不经意地将孩子的注意力从他的身体上转移开，引导他去玩游戏、看书，做别的有意思的事。比如拉起他的手说，我们去拍皮球吧，或者给他拿杯饮料。然后在私底下告诉孩子，哪些部位是"隐私部位"，任何与"隐私部位"有关的行为都应该在私底下做，像洗澡那样。

两三岁开始就要进行性启蒙教育

性教育包括两个部分：性知识和价值观。性知识可以在书本、学校或者家庭获得，而价值观主要来自家庭。孩子通过父母互动的表现，父母的言行举止来学习性、感受爱。现在很多家长都非常重视性教育，通过性教育能够让孩子懂得如何保护自己，免受侵犯，不被性的问题困扰，客观地了解自己的性特征。

小孩对世界充满了好奇，对自己的身体也是，当他表达出疑问时，就是父母进行性教育的最佳时机。两三岁的孩子指着生殖器问："这是什么？"你可以告诉他："这是阴茎，每个小男生都有阴茎，这是男孩特有的。"

给他普及生理知识，让他了解性别的差异和身体的不同。在进行教育时，切忌敷衍了事，比如"你怎么问这个""你是从石头里蹦出来的""你长大了就知道了"，等等。在进行性教育时，父母不要用带有贬义或者隐晦的语言去表达，而是要根据孩子的理解程度，客观讲述身体的事实。

比如说，3岁时，硕硕问："我是从哪里来的？"我说："你是从妈妈的肚子里来的。"后来我生弟弟，硕硕目睹了妈妈的大肚皮，并没有追问为什么妈妈的肚子会变大，而是说："弟弟是从妈妈的肚子里生出来的。"有一次，有个小朋友问硕硕："你把你的弟弟送给我吧？"硕硕撇撇嘴，说："你让你妈妈给你生一个吧。"

　　而如果孩子大一些，问起这个问题，父母可以找来相关的绘本故事，给他讲述受精的过程。

　　除了回答孩子的提问，父母也要有意识地对孩子进行性安全知识的灌输。

　　比如，告诉孩子，他的阴茎和屁股是隐私部位，一定要保护好，不能给外人看或者触碰。如果有人要看或者触碰，就是坏人，一定要说"不"，并远离他。不能接受陌生人的礼物，不能跟陌生人走，一旦遇到问题，要及时告诉爸爸妈妈，等等。

四五岁的孩子要结婚

有一天晚上，孩子爸爸对我说："恭喜你，你有儿媳妇了。"我笑道："谁呀？"他说："你儿子班里的小 A。硕硕今天放学回来说，他和小 A 结婚了，还要一起上班、一起下班、一起做饭呢。"

孩子的话令人忍俊不禁，其实，他这是到了婚姻的敏感期。蒙台梭利指出，幼儿发育经历 31 个敏感期，婚姻敏感期就是其中一个，它一般出现在孩子 4 ~ 5 岁的时候。这个时候，孩子需要认识婚姻，而父母给孩子提供了认识婚姻的环境。如果父母关系好，相亲相爱，那么孩子会对经营婚姻产生认识和向往；如果父母关系恶劣，会对孩子产生不良的影响。

父母要给孩子树立良好的榜样，不在孩子面前吵架斗气，还要在孩子对婚姻认识产生萌芽时，注意引导。当孩子说出要和某个女孩结婚时，有的家长会说"真不害羞！"等嘲笑的话。其实，不管孩子强调多少次结婚，都是对婚姻关系的探索，他是在完成成长必经阶段的任务，过一段时间，他就会忘记，甚至又和另外的孩子扮起了过家家。孩子会慢慢认识到，自己的结婚对象是可以选择的，要选择自己喜欢的、适合自己的。虽然他不一定能够表达出来，但是，通过这些扮演和模仿，在他的心里已经建立了婚姻的雏形。

第一次特殊的"尿裤子"

生物学上，8 ~ 12岁被称为男孩的性潜伏期。男孩不关注"性"，但是依然会对自己的身体产生疑惑。比如，醒来后发现自己的内裤湿了，回想晚上，隐约记得做了很奇怪的梦。

这是因为雄性激素分泌增加，进入血液循环系统，分布到全身各个部分，引起了性中枢的兴奋，而青春期孩子生殖器官的敏感性增强，受到一些刺激就会有反应甚至出现遗精，比如内裤过紧、做了性梦、黄色照片等。

出现了这样的情况，有些男孩会觉得自己不好，有道德上的内疚，在这个阶段，父亲要及时向孩子传达"梦遗"的信息，告诉他，这是青少年常见的正常生理现象，偶尔出现，对身体无害，梦遗会把床单弄脏，但没有关系，洗干净换上干净的床单就行了。

第十章

如何与男孩沟通才有效

男孩不善表达，但是他善于从父母的点滴行动中读懂父母深层次的含义。

父母不仅可以借助眼神、表情、动作向男孩传递信息，还可以借此更好地了解孩子想要表达的情绪。

与男孩讲理，不如讲爱

　　妈妈发现，最近哥哥对弟弟非常不友好。弟弟10个月，走路还走不稳，总爱让妈妈抱着，哥哥就会走上前，边打边说："快下来，你这个小坏蛋！"哥哥写字时，弟弟喜欢在一旁看着，哥哥会粗鲁地把弟弟推到一旁。妈妈切了苹果丁，哥哥一大碗，弟弟一小碗，弟弟吃完想向哥哥要一块，哥哥端起碗跑掉了，留下弟弟馋得哇哇地哭……

　　妈妈为此没少给哥哥讲道理："你是大哥哥，得让着弟弟点，你看弟弟这小细胳膊小细腿的让你揍一下多疼啊！你分给弟弟点好吃的吧，他还喊你哥哥呢，你得做个好榜样啊！"

　　然而，这样的说教并不管用。这位妈妈跑来咨询我，我的回答是："不要再给哥哥讲道理了，要多给他爱和关注。"

　　其实，很多二胎家庭矛盾的根源就在于两个孩子之间对父母之爱的争夺。哥哥原来在家里是享受"独宠"的地位，爸爸妈妈陪着读书、陪伴睡觉，陪着出门游玩，父母所有的注意力都在他一人身上，他能够感觉到父母的爱和呵护。但是有了弟弟就不一样了，爸爸妈妈的精力似乎都被弟弟吸引走了：妈妈不再给他讲故事，因为刚讲了没几句，弟弟就哭了，妈妈得去哄弟弟；妈妈也不再陪他睡觉，因为要给弟弟喂奶；妈妈也没法陪他出去玩，因为没人在家照看弟弟……"弟弟就是一个大麻烦！"哥哥生气地想。

妈妈讲的道理，哥哥根本没有听进去，甚至他觉得，每次他欺负弟弟的时候，就会获得妈妈的关注，欺负弟弟是吸引妈妈爱的好方法。

针对哥哥的问题，妈妈要做的就是让哥哥感受到爱，让哥哥知道妈妈对他的爱和弟弟一样多，这光靠讲道理是行不通的。

在亲子陪伴的时间里，妈妈不能只关注弟弟的需求，也要注意哥哥的心理。比如说，妈妈在照顾弟弟时，邀请孩子爸爸来给哥哥讲故事或者带哥哥出去玩；如果爸爸实在太忙，只有妈妈一个人，妈妈可以引导哥哥来照顾弟弟，比如让哥哥拉着弟弟的手带他慢慢走路，让哥哥唱儿歌给弟弟听，或者让哥哥给弟弟讲故事。适时地对弟弟说："你看哥哥教你走路呢，多么有耐心啊。""你看哥哥会唱这么多歌呢。""你看哥哥讲故事讲得多有意思啊，你长大了也要向哥哥学习哟。"增加哥哥的自豪感，让哥哥成为"三人"中的主角，而不是被忽视的那个。

另外，妈妈一定要规划出一个专门的陪伴哥哥的时间。比如在把弟弟哄睡后，陪伴哥哥入睡，给哥哥讲讲故事，聊聊幼儿园的见闻，交换心事，等等。告诉哥哥，虽然因为有了弟弟，妈妈陪伴你的时间变少了，但是妈妈爱你和弟弟一样多。

哥哥感觉到依旧被妈妈爱着，就不会再通过错误的行为来吸引妈妈的关注，他渐渐地发现，和弟弟在一起玩也是很有意思的。

很多孩子不良行为的背后，都是在试图获得父母的爱和关注，当父母感到心烦、恼怒、着急或者愧疚时，就要思考，孩子是不是感到"缺爱"了，给孩子注满爱的能量，孩子才能快乐成长。

父母经常觉得孩子不听自己的话，其实，亲子沟通一个很大的问题就是：由于孩子的理解力、注意力有限，父母说的和孩子听进耳朵的，并不是一回事，**重要的不是我们说了什么信息，而是孩子接收到了什么信息。**

晚饭时，儿子吃了几口菜，说："我要看动画片。"妈妈说："不行，现在是吃饭的时间，吃完饭才能看电视。"儿子听了开始哭闹起来："不！我就要看！"

妈妈觉得儿子在无理取闹，明明自己已经答应了儿子，只要吃完饭就能看电视，他却还是哭闹个不停。

其实，妈妈后面的话根本没有进入儿子的心里，儿子听到妈妈说"不行"之后，就开始生气了，根本没听进妈妈后面说的话。

所以，如果妈妈说："可以啊，当然可以，等你吃完饭，我们就可以看一集动画片。"儿子听到妈妈答应了要求，就会加快速度吃饭了。

我们需要养成一个习惯，当我们和孩子沟通时，首先设想这些话施加到我们自己身上，我们会感受到爱吗？ 如果父母能够经常换位思考，那么很多亲子沟通的问题都能够得到解决。

儿子早上起床特别困难，妈妈早饭都已经做好了，他依然磨磨蹭蹭没有动静。妈妈忍住脾气，耐心地说："快点起，不然就要迟到了，妈妈迟到，会被罚钱的。没有钱，怎么给你买好吃的？"儿子依旧慢慢吞吞地穿衣，妈妈气坏了。

后来妈妈想了一个主意，逛商场时让儿子挑了一个喜欢的闹钟，把闹钟调早10分钟，这样，闹钟响完，儿子能够在被窝里再躺一会儿。这时，妈妈说："被窝里真暖和啊，那你再躺5分钟吧，然后我们就要起床啦。"这样的话让孩子感受到妈妈的爱，更容易执行。

男孩性格倔强，很多时候，宁愿被误解也不愿意主动倾诉，父母和孩子交流时，要注意营造一个良好的沟通氛围，在孩子心情比较好的时候，用委婉的话语向孩子提出要求，让孩子感受到父母的爱和诚意，从而建立良好的亲子沟通渠道，拥有高质量的亲子关系。

孩子生气时，我们该怎么办

周末，带着儿子在草坪上玩，有个妈妈吸引了我的注意。她带着儿子和亲戚家的两个孩子一起在做游戏，玩的是老鹰捉小鸡。妈妈扮演老母鸡，孩子们乐得哈哈笑。

好有爱的妈妈！我想。

过了一会儿，孩子们发生了争执，她的儿子发起了脾气，只听这位妈妈说："是你自己做错了，你刚才看到你哥哥是怎么做的吗？！"孩子发泄着心中的怒气，狠狠地拍打着自己的腿。只听这位妈妈又说："扇自己的脸，狠狠地扇！"他的儿子哭闹得更凶了，索性躺在草地上，边哭边打滚。

此情此景让我不得不把最初对这位妈妈的好印象收了回来。

父母和孩子之间充满了无休止的矛盾和各种各样的小冲突。发生冲突时父母需要及时做出反应，恰当的反应有利于孩子形成良好的个性、健康的心理，而不恰当的反应则适得其反。我丝毫不怀疑这位妈妈对孩子的爱，但是身为父母，很多人爱孩子却往往缺乏技巧和方法。

诺贝尔文学奖获得者托马斯·曼恩说："语言本身就是一种文明。"但是言语可能是文明的，也可能是野蛮的；它可以用来温暖人，也可以用来伤害人。

大多数父母都没有意识到语言的破坏力量。他们用责备、羞辱、谴责、嘲讽、威胁、不体谅、惩罚的语言来对待孩子，让孩子渐渐养成了一些不良的品行，缺乏安全感、对别人不尊重。所以父母要学会洞察孩子的内心，学习说话的艺术，用富有同情心的语言，传达善意、爱和尊重的句子和孩子对话，引导孩子面对自己的情绪和愤怒。

在我们的童年时代，没有人教我们如何面对自己的愤怒情绪，我们不喜欢它，却无法忽略它，我们想要忍耐，却无法阻止它发生。愤怒时，我们大喊大叫、辱骂、责难，当发泄结束时，又陷入后悔和内疚。我们应该如何面对愤怒情绪，又该如何教导孩子呢？

正确表达心中的怒气

儿子回到家，生气地说："因为今天没穿球鞋，上体育课时都没法踢球！"妈妈本想说："你每天上学不是忘这就是忘那，没长脑子吗？"但是想到这样于事无益，她改口说："妈妈理解你的不开心，但妈妈也很生气，我给你买了3双球鞋，但你却总是找不到。你的鞋都应当放在鞋柜里，这样，当你需要时，就会知道去哪儿找它们了。"

妈妈表达了愤怒，但是没有发牢骚，也没有翻旧账，更没有辱骂儿子。她表达了自己的心情以及提供了避免发生此类事情的建议。

儿子立即着手开始整理自己扔得到处都是的鞋子。父母表达愤怒的方法会给孩子树立起一个榜样，孩子会跟随父母学习如何表达愤怒。他会明白，怎样才是合理地表达愤怒，释放自己心中的怒气而又不会伤到别人。

要点1：我们要接受这个事实：在跟孩子打交道的时候，我们有时候会发脾气。这很正常，我们没有必要为此感到内疚。

比如说："我很生气，我被你激怒了。"

如果没有效果，我们也可以加重语气。比如，"我非常生气。""我气急了。"但是要注意的是，**表达愤怒的时候，不要攻击孩子的性格或者品质**，比如，"你真蠢。""你真是个讨厌的人。"

要点2：解释原因。比如，"我很生气，今天早上刚刚收拾干净的桌子上，有了一堆瓜子壳。""我看到你拿玩具打弟弟，我很生气，玩具是用来玩游戏的，不是用来打人的。""我很生气，现在已经九点了，你还没有上床睡觉。"

要点3：提供建议。"你拿玩具打弟弟，我很生气，玩具是用来玩游戏的，不是用来打人的。不再玩这个玩具，还是不再拿它打弟弟，你自己选择。"如果孩子不听劝告，就果断地把这个玩具收走。

如何回应生气的孩子

当孩子处于强烈的情感中时，他听不进任何人的话，讲道理是没有用的，只能进行情感上的安慰。

要点1：真实地反映孩子内心的情绪，表达对孩子心情的同情和理解。

兄弟俩在玩玩具，哥哥跑来告状："弟弟把我刚堆好的滑滑梯弄坏了。"妈妈没有像往常一样责问弟弟："你为什么弄坏哥哥的滑滑梯？"而是充满同情地对哥哥说："啊，你一定非常生气。""就是，我很生气！"哥哥说完，扭头走了。妈妈避免了卷入孩子们争吵中，也避免了当孩子们的裁判。

要点2：共情。

爸爸不让儿子吃糖，儿子噘着嘴找到妈妈，妈妈说："你很喜欢吃糖，爸爸不让你吃，你一定很难过。妈妈小时候也非常喜欢吃糖，吃不到的时候都可伤心了呢。"说到这，儿子抬头说："妈妈，我们去玩打球吧。"

要点3：给出解决问题的建议。

就拿前面被弟弟弄坏了玩具的小男孩的案例来说。儿子因为玩具被弄坏了很生气，妈妈还可以进一步说："这个玩具坏了，你心里一定很难过，你最喜欢它了，妈妈小时候也会因为这个而哭泣，其实，坏了没关系，咱们俩一起看看能不能把它修理好啊？"

我们对待孩子的态度应该是正面的、鼓励的。"妈妈看到了你的努力。""一次失败不代表什么。"避免评价孩子，"你怎么这么懒啊。""你看你，脑子这么笨。"等等。

用正面的语言，给孩子树立发泄情绪的正面的、积极的榜样。语言具有培养、激发的力量，当我们学会用正面的语言来肯定孩子的努力、表达对孩子的同情时，就会帮助孩子建立希望和信心。

教会孩子处理自己的情绪

人类有丰富的情绪：愤怒、恐惧、悲伤、开心、贪婪、内疚、渴望、嫉妒、喜悦、厌恶等。儿时的教育告诉我们，积极的情绪是好的，而消极的情绪是不好的，我们要为消极的情绪感到羞愧。我们憎恨时，被教育这是不礼貌的；我们害怕时，被教育这并没有什么可怕的；我们痛苦时，被教育要笑着面对；我们哭泣时，被教育没有什么好哭的。于是，在不开心时，强作欢颜成了我们唯一的方式。但是强烈的情感却无法被阻止，我们的心也越来越封闭和迷茫。

事实上，每一种情绪都是我们此时此刻真实的感受，它不应当受到批判。情绪作为遗传的一部分，有其不可更改的一部分，但是我们应该知道它们是什么，并懂得在何时何地用何种方式表达出来。

所以，面对情绪，我们要做的就是诚实。孩子情绪的建立最初来源于我们，我们要帮助他们认识这些情绪，识别自己内心的真实想法。父母要像镜子一样，将情绪原原本本地反射回去，让孩子确切地知道自己的内心想法，他才不会感觉"一团糟"。

记住，我们的功能是反射，而不是挑剔和指责，通过聆听和理解，让孩子感觉到安慰。

例如："你看起来很生气。""你似乎很讨厌那个小朋友。""我明白你的感受，你对弟弟又爱又恨。""你想和姐姐玩，也想看电视。"

需要注意的是，面对孩子的矛盾情感，父母也要保持平静。

如果父母对人性的本质有着更深的考察，就会懂得：**有爱就有恨，有尊重就有嫉妒，有奉献就有对抗，有成功就有失败。这些感觉都是真实的，不管是积极的还是消极的，我们都要接受它。**相反，如果一味地评判、打压，对孩子毫无益处。例如："你太迟钝了，居然没反应过来。""你不应该恨弟弟，你要爱他。""你不能讨厌老师，你要听他的话。"

应该用理解给予孩子情感的慰藉，让孩子的情绪得以释放和宣泄。

我们要承认孩子的情绪，并对此做出回应。

孩子："妈妈，你从不给我买东西。"

妈妈："你想让我买什么？"（代替"你身上穿的、嘴里吃的，哪一样不是我花钱给你买的？"）

孩子："你总是迟到。"

妈妈："你不愿意等一等我吗？"（代替"你就没有磨磨蹭蹭的时候？上次去你姥姥家，我等了你半天你忘了？！"）

孩子："你从不带着我出去玩。"

爸爸："你想去哪里玩呢？"（代替"你这么不听话，天天跟我吵架，还想让我带你出去？！"）

很多家长疑惑，我们理解孩子的情绪，但是对孩子发脾气时的破坏性行为也要理解吗？

不是。我们理解情绪，但是我们要限制行为。比如说，4岁的儿子想要切断猫的尾巴看看里面是什么样的。爸爸说："我知道你想看看它里面是什么样的，但是猫的尾巴是不能割掉的，它会非常痛，我们来看看有没有这类的图画书来告诉你里面是什么样的。"

5 岁的小男孩在墙上乱画一气，妈妈说："我知道你很喜欢画画，在墙上画画也让你觉得新鲜，但是墙不是用来画画的，纸才是。"

弟弟把哥哥的玩具弄坏了，哥哥想要打弟弟，爸爸说："我知道你很生气，这是你最爱的玩具了，让我们一起想想办法，看这个玩具能不能修好？"

总之，**我们不仅关注他们的行为，也关注他们的情绪，我们允许他们表达自己的感受，但是要限制、指导他们的不良行为。** 限制并不等同于父母专断，而是为了对孩子起到教育和帮助的作用。

通过对孩子的各种情绪表达同情和理解，我们就帮助了孩子在情感上变得聪明；对他们不被接受的行为制定限制规则，我们就表示了引导和尊重，同时为孩子将来尊重社会规则做好了准备，这样孩子才能更自律。

尊重是基础，否则再好的技巧也是空谈

周末去姐姐家串门，外甥在看电视，姐姐在打扫卫生。桌子底下各种各样的玩具都有，沙发上横七竖八地扔着书和车模。姐姐边收拾边说："你看你，弄得家里跟猪窝似的。""再胡扔乱放，你就别看电视了。""你说说你，除了会捣乱，还会干什么？！"一旁的外甥对姐姐的嘟囔烦透了，他起身走进自己房间，"砰"的一声关上了门。

姐姐说："怎么着，你做得不对，还不让说啊！"

我连忙示意姐姐别再说了，我问姐姐："你对你朋友也这样说话吗？"

姐姐说："当然不，我这不是对我儿子说嘛！"

"朋友之间需要尊重，儿子也需要啊！你思考一下你刚才说的那些话，如果是别人对你说的，你是什么感觉呢？"我继续说，**"如果你想改变孩子的态度，你得首先改正你的说话方式，要尊重孩子，把强势的命令、唠叨换成引导、商量的话，孩子才会配合你。"**

姐姐听了，方才意识到自己的唠叨"破坏力"这么大，自责不已，后悔道："那我到底该怎么办呢？"

我说："这样，你改天找个孩子高兴的时候，跟孩子好好地商量，让孩子懂

得你的需求，理解你看到屋子脏乱就变得烦躁的心情，孩子就会改变了。"

果真，过了几天，姐姐打来电话说，这一招还真管用。外甥看到妈妈搂着他的肩膀，和他真挚地说着心里话，非常受用，开始主动地帮忙打扫卫生了。

其实，只要父母懂得尊重孩子，想让孩子听话并不难：

转变思想

很多父母觉得，自己在家里要有绝对的权威，孩子不按照自己说的办，就是不听话。其实孩子有他自己的思想、看法，父母要注意倾听孩子的看法、了解孩子的立场，不强求孩子按照父母的思路办事。

营造良好的氛围

如果想让孩子听得进你的意见，必须得选择孩子高兴的时候。因为人在生气的时候，是听不进任何的道理和劝告的。父母可以找个孩子玩得高兴的时候，或者睡觉前通过讲故事的方式给孩子灌输道理，或者带孩子吃爱吃的食物，然后搂着他，告诉他你的想法。让孩子知道你的批评和意见是出自对他的爱。

表达尊重

父母在和男孩交流时，一定要表现出浓厚的兴趣，使用适当的肢体语言（面对孩子，目光慈爱温柔，距离不要太远）和话语（"嗯，我明白你的意思""你说的也有道理"），这样男孩才能感觉到被尊重，才会感到自己是重要的，才愿意打开心扉与父母交谈。

避免责备

儿子失手把碗打了。妈妈说："你说你能干什么？！成天帮倒忙！"儿子怒吼道："你口口声声说爱我，你这样做是爱我吗？！"妈妈无言。很多时候，孩子犯错时，父母常常会脱口而出的就是责备："我早就说不让你做，你就是不听！""你怎么这么笨！"等等，这些话于事无益，反倒对亲子关系极其不利。

心理学家研究表明："一个人只有在他认为自己被对方完完全全接受后，才可能考虑对方的建议，对自己的行为做出有益的修正，使自己成为更完善、更有能力的人。"

做游戏或者讲故事的方式

父母要用孩子能够接受的方式和孩子沟通，通过角色扮演或者讲故事，孩子更容易投入设定的情境中，明白自己的不足之处。在玩乐中习得智慧和规则，比单纯的说教更有效。

一位儿童心理研究专家曾说：**"没有爱就没有教育，没有尊重就谈不到爱。"**尊重孩子是爱孩子的真正内涵，让孩子明白，爸爸妈妈爱他、尊重他、重视他的意见和看法，从而让他能够心灵富足充盈地长大。

来点幽默，男孩更服管

孩子爸爸是个比较幽默的人，很多情况下，没等我使出"育儿妙招"，爸爸已经幽默地把问题解决了。

硕硕："妈妈，我饿了，我要吃饭。"

我："做着呢，再等一会儿就好了。"

硕硕："饿死了，我现在就要吃！"

孩子爸爸："硕硕你猜猜，今天中午我们吃什么？"（配合夸张的表情）

硕硕："西红柿？"

孩子爸爸："不对，是绿油油的，像小士兵一样。"

硕硕："白菜？"

孩子爸爸："不对。比白菜长得瘦，是瘦瘦的士兵。"

硕硕："芹菜？"

孩子爸爸："对啦，猜得挺准。那你猜猜还有什么菜？"

……

在一问一答中，硕硕的注意力由挨饿的肚子转向了猜谜且乐得哈哈大笑，等他们猜得差不多了，饭也好了，一家人其乐融融地吃起了午饭。

幽默是平淡生活的调味剂，更是与孩子相处的一种智慧，它能化解矛盾、营造欢乐氛围，轻松解决掉很多棘手的事。

俄国著名诗人米哈依尔·斯维特洛夫是个幽默的人。有一天他回到家，看到家人慌作一团，原来他的小儿子把半瓶墨水喝进了肚子里。

诗人想，墨水并不会使人中毒，于是放下心来，轻松地问儿子："你真的喝了墨水？"

儿子扬扬得意地冲他伸了伸舌头，扮着鬼脸说："对呀。"

诗人拿出一沓吸墨水的纸，夸张地说："那现在没有办法啦，你只能把这些吸墨水的纸使劲嚼碎咽下去啦！"

慌张的气氛顿时被化解，从此以后，儿子也没再犯过类似的错误。

男孩有时候会故意做出一些异常行为来吸引大家注意，一味批评或者指责容易令孩子产生逆反心理，更加蛮横。如果父母能够幽默一些，让孩子意识到自己的可笑，不仅能令孩子明白自己的错误，而且能培养孩子的幽默感。

一个缺少幽默的家庭是寡淡和无趣的，而幽默的父母往往能够感染孩子，让孩子聪慧、性格开朗、人际关系融洽，拥有快乐的心态。

父母在日常生活中，可以采取以下做法来和儿子幽默相处：

有意营造幽默的氛围

日常生活中，家长可以用幽默的语言和轻松愉快的笑声，让孩子充分体验幽默的魅力。

例如：儿子摔了一跤，嘴一撇，想哭。

妈妈走上前，捧起孩子的手说："快点让我看看，你在地上捡了什么好东西？"

儿子一笑，疼痛抛到了脑后。

儿子不肯刷牙，妈妈说："我们还要给牙齿洗澡呢。快点过来洗啊，牙齿感觉脏脏的，都等不及要洗澡了呢！"

儿子过马路不肯牵着妈妈的手。

妈妈说："小花猫的手在哪里呢？"伸手抓住儿子的手，"哦，在这里呢。"边走边唱，"小花猫，过马路，遇红灯，停脚步，绿灯亮，才迈步，伸小手，牵妈妈，蹦蹦跳跳过马路。"儿子牵着妈妈的手，跟随儿歌节拍，蹦蹦跳跳地过马路啦。

观察和了解孩子

经常观察孩子对什么感兴趣，我们就能够抓住孩子的兴奋点，对于小一点的孩子配合夸张地表情和动作，效果更好。

父母要知道孩子表达幽默的方式，比如故意把衣服反着穿、倒着骑车子、装作送糖给你吃待你张开口又缩回手去，故意从椅子上溜下来、装作跌倒，故意说错话、说些怪异的特别的话，等等。当孩子有幽默的举动时，父母要懂得维护他们的幽默感。

保持童心

当父母把自己当成孩子时，就会发现很多原本无趣的事，都可以用来当作搞笑的对象。

做发现幽默的有心人

生活虽然平淡，但依然会有不少让我们身心愉悦的片段，比如一句幽默的妙语，一个好笑的故事。父母要做个有心人，多捕捉生活中有趣的场面和故事，与男孩一起分享快乐，获得愉悦的情绪体验。

培养幽默感

带领孩子一起欣赏一些符合孩子年龄特点的幽默作品，不断挖掘孩子幽默的潜质，提高孩子悟性。鼓励孩子大胆表现幽默，开玩笑、讲笑话、欣赏幽默故事等。

周国平说："人生有两个时期最盛产幽默。一是孩提时期，倘若家庭是幸福的，生活的氛围是欢快的，孩子往往会萌生出幽默感，用戏谑、调侃、嘲弄、玩笑来传达快乐心情。这是充满活力的新生命发出的天真单纯的欢笑。另一个是成熟时期，一个人倘若拥有足够的悟性，又有了足够的阅历，就会借幽默的态度与人生的缺憾和解。"

当孩子开始对人对事调侃幽默时，已经从日常生活的语境中跳了出来，发现看世界的另一种眼光，这种能力能够磨炼开阔的胸怀和智慧的人生态度，对孩子的一生至关重要。

沟通的另一种方式：非语言沟通

老二正正 1 岁时，学会了走路，开始在家里进行各种探索。他会趴在桌子上试图爬上去，还会躺在地上进行"地毯式大扫荡"。他最爱做的事情就是模仿父母，比如看到父母插电源插座，就也想摸一摸。

电很危险，我就给他说："不能碰！"但他还是觉得好玩，只要是父母不注意，他就要跑去摸插座。

有一次孩子爸爸看到了，冲着正正皱着眉，压低声音吼道："不许碰！"还打了一下他的手。正正瞬间感受到了爸爸强大的"批评"，小嘴一撇，委屈地扭头跑到我的怀里来。但是他自此知道了这件事的危险，再也没有去碰插座。

所以父母有时候也要学会使用"非语言"和孩子进行沟通，用表情、拥抱、抚摸、动作，帮助孩子明白什么是好的行为，什么是不好的行为。

"非语言沟通"是指运用目光、声调、表情、动作等非语言的形式和男孩沟通，不仅是对幼小的孩子，大一点的孩子也很适用。美国语言学家艾伯特·梅瑞宾曾提出著名的沟通公式：**沟通的总效果 =7% 的语言 +38% 的音调十 55% 的表情**。所以，非语言沟通不仅是语言沟通的替补，它更是让男孩更能接受的沟通途径。

表示赞赏

父母对他表示喜欢和赞美时，可以用大拇指在额头上点个赞，或者抱起孩子亲一下，或者一个充满爱的眼神，这都会让孩子感受到父母的爱意和赞同。

表示批评

当他犯错误时，旁边如果有很多人，贸然批评会有损孩子的自尊心，父母可以皱眉、用严肃的表情或者犀利的眼神让孩子有所收敛。

表示鼓励

在孩子犹疑不决时，父母可以拍拍他的肩膀，或者冲他微笑、点点头，或者紧握他的手，这些都能够给孩子传递力量，让孩子能够鼓起勇气往前走。

表达爱

回到家抱抱孩子、亲一亲他，睡觉时搂着他，都能够让孩子感到浓浓的爱。

男孩不善表达，但是他善于从父母的点滴行动中读懂父母深层次的含义。父母不仅可以借助眼神、表情、动作向男孩传递信息，还可以借此更好地了解孩子想要表达的情绪，在孩子说话时，放下手头的家务，看着他，观察他的表情、语气以获得更多的线索，恰当地重述他的话，让孩子感到你对他的重视。

沟通并不是件简单的事，但是贵在用心，只要用心，亲子沟通并不难解决。

赢得孩子的心

　　妈妈下班后，发现儿子脸上被小朋友抓伤了，孩子爸爸正在一旁发火："上次怎么跟你说的？小朋友要是打你，你就还手啊！要不然以后他还得打你！"妈妈问："儿子，怎么回事？谁给你抓的？"儿子低着头，不说话。

　　妈妈思索，为什么孩子在学校里挨打了，但是回家后不肯告诉爸爸妈妈呢？她想起刚才孩子爸爸暴跳如雷的表现，心里似乎明白了几分，孩子知道自己没有还手，会被爸爸斥责。

　　妈妈又想，幼儿园小朋友之间打打闹闹很正常，儿子的性格比较平和，还手这件事可能对他来说比较困难。

　　于是妈妈连忙把儿子叫进卧室，蹲下来，看着儿子的眼睛对他说："妈妈看到你的脸被小朋友抓伤了，特别心疼，就好像妈妈自己的脸被抓伤了一样。"听到这里，儿子抬起手，摸了摸妈妈的脸。妈妈又说："你能不能想个办法以后不再受伤呢？"儿子没吱声，过了一会儿，妈妈说："我有个主意，以后，如果有小朋友打你，你就拿手挡住，或者跑开，让他打不到你！"妈妈边说，边向儿子示范"拿手挡住"的动作，儿子笑了，和妈妈演练起来。妈妈还说："如果有人想要打你，你就要大声告诉他'你不可以打我''住手'他就会感到害怕了。"

晚上睡觉的时候，儿子深情地对妈妈说："妈妈，我爱你！"

真正能够赢得孩子的心、走进孩子心中的父母，必定是站在孩子的角度思考、懂得体谅孩子的父母。

5岁的儿子换了一个新的幼儿园，妈妈陪着他去。刚进幼儿园，他就指着墙上的画，大声说："这是谁画的画？这么难看。"妈妈忙说："不能这样说话，这样是不礼貌的。"一旁的老师懂得孩子的心思，说："在这里，小朋友可以画难看的画。"儿子又指着墙角一个坏了的玩具，说："谁弄坏了这个玩具？"妈妈心想，这孩子今天怎么了，怎么这么反常？这时，老师开口了，老师说："玩具是让小朋友们玩的，玩得多了，它就会坏了。"儿子想，这个幼儿园不错，画得不好没有关系，把玩具弄坏也没什么，于是，他走到玩具堆里，玩了起来。

能听懂孩子的言外之意，才能明白孩子的心思。

睡觉时，哥哥不肯睡，他说："为什么弟弟可以晚睡？他在吃小馒头，却不给我吃。"妈妈听了，说："弟弟不用上学，而你明天要早起上课，所以你要先睡觉。既然你也想吃小馒头，那妈妈答应你，明天一早送你一袋小馒头吃。妈妈爱你和爱弟弟一样多。"哥哥听了，高兴地去睡觉了。

能够读懂孩子对爱的渴求、对平等的呼唤，这样的妈妈才能走进孩子心里。

要想读懂孩子，父母在日常生活中还要注意以下几点：

透过表面看本质

孩子的行为往往有多种心理在支配调节，父母要懂得思考线索，来理解孩子的心理。

儿子在玩积木，他正在建一条路，这时，他抬头对妈妈说："怪兽来了，这可怎么办？""什么怪兽，这世界上哪里有怪兽？！"儿子听了，大发脾气。其实妈妈应该认同孩子的幻想："怪兽来了？我们快躲起来吧。"

明白每个孩子都不一样

　　父母常常"用一个模子看孩子"，特别是家里有两个宝宝的，经常拿来比较。其实，虽然孩子有共同的行为、心理，但是每个孩子具体的情况又都不一样。所谓"龙生九子，各有不同"，父母要根据每个孩子的具体情况，分析他们的行为，才能真正的了解孩子。

联系地看待问题

　　很多时候，父母认为孩子很简单，往往爱就事论事。其实，孩子的许多行为都是和其他行为、事件联系在一起的。父母不能孤立地看待问题。

　　有一天，奶奶来家里做客，刚一进门，硕硕就大叫："我不和奶奶玩！"看似无理取闹，后来一问明白才知道，原来是因为奶奶原本答应昨天就来和硕硕玩，却食言了，所以孩子不高兴了。

　　总之，父母懂得用心发现孩子行为的线索，孩子的心思就不再难懂和难猜，父母才真正能够走进孩子的心里，赢得孩子的心。

后记

　　我清晰地记得几年前，有一天在饭店吃饭，邻座的餐桌上坐着两位妈妈和她们的孩子，孩子们调皮，上蹿下跳，咋咋呼呼，惹得邻座纷纷侧目，而妈妈们也觉得非常不好意思。

　　一位妈妈说："你给我老实点，坐好！"

　　另一位妈妈说："我看你俩谁安安静静的，谁就是好孩子！"

　　然而，并没有用。

　　最后两位妈妈不得不生硬地把孩子拉回到座位上，按住。孩子们特别不高兴，撅着嘴，脸通红，摔摔打打，妈妈们只好说："要不然你们看动画片吧。"孩子们拿到手机，终于安静了。

　　那时，我怀着老大硕硕，所以特别关注养育孩子的事情，中途去洗手间，发现我们的餐桌后面，竟也有一家人在吃饭，男孩约莫三四岁，和刚才那桌孩子年纪相仿，不同的是，这桌安静多了。我很好奇，差不多大的孩子，在公众场合的表现，为什么有这么大的差别？

　　仔细一听，原来这位妈妈正在引导孩子观察生活呢。她说："儿子，你数一数，这个饭店有几桌人在吃饭啊？"孩子数的时候，她也跟着附和，等孩子数完了，她又说："你看看，这个饭店跟我们家里有什么不一样啊？"当孩子说不出

255

的时候，她会引导孩子说："你看，天花板上是什么样的灯啊？我们家里是什么样子的？"等等，后来，上菜了，她又问："你看这菜摆的形状像什么？"她仿佛拥有一个神秘宝盒，不时地从中抽出一张牌抛给儿子，一问一答中，儿子沉浸在思索和观察，不会大吵大闹，也不会觉得无聊，更想不起动画片和游戏。

那是我第一次感受到什么是"高级"的教育，这位妈妈的"高级"之处在于，同样的场景，同样的时间，她让孩子学会了观察环境，锻炼了孩子的想象力，也让孩子懂得在公众场合如何自处。

我也决心要给孩子"高级"的教育，但是，孩子出生后，才发现这并不是件容易的事儿。

兴致勃勃地给他讲绘本，他却一把抓起书，扔掉；

晚上该睡觉了，故事讲了一个又一个，游戏玩了一会儿又一会儿，还是不肯睡；

他提的要求得不到满足，就会大哭大闹，怎么说都不肯听；

带他去公园，引导他认识新朋友，然而他缩到我的身后不肯出来；

亲子园里，别的小朋友都大大方方地上台做自我介绍，唯独他不愿意；

买了双面胶让他学习做手工，他撕下一小块，然后把双面胶"嗖"地扔高，在空中划出一道完美的弧线，竟然还冲我得意地笑："妈妈我厉害吧。"

……

我不停地买育儿书学习，国外的、国内的，各种育儿理念都有涉及，在研究的过程中，慢慢地实践，竟也摸索总结出了非常实用的育儿方法，更重要的是，我发现面对男孩，需要有一些独特的视角和方式，而市面上，很少有书籍提及。

怀着老二时，大家都希望是个女孩，儿女双全，凑成一个"好"字。后来，老二出生，细嫩的白皮肤、大眼睛双眼皮，模样俊俏，是个男孩，我却十分高兴。

研究了这么久如何养育男孩，要是再生个女儿，还得从头研究养育女孩的方法呀！

人只有见识过若干种教育方法，对自己的教育方式才具备了想象力。我决定将我学习以及实践后总结的养育两个儿子的经验写出来，希望能够帮助男孩的父母们，了解自己的孩子，懂得如何给予男孩高质量的陪伴和爱护，如何让他们获得信任和自由，如何培养他们的责任感和担当，如何激发他们的男子汉气概，如何教导他们表达自我和团队合作，如何面对生活的得失输赢，如何进行性启蒙教育，以及如何培养良好的生活和学习习惯……

于是，每天的空闲时间，我就打开电脑敲击键盘，将自己学习的、实践后的育儿心得书写出来，发在公众号上。令我意外的是，文章一经发表，便深受妈妈们的喜爱，也成为了多家亲子类媒体的特约撰稿人。

有的妈妈私信我说："我经常看育儿类的文章学习，但是你的文章有种独特的力量，能够感染我去行动、去实践，而且有立竿见影的效果。"

还有的妈妈说："很多育儿书看了之后，虽然知道自己做得不好，却仍然不知道如何改正。但是看你的文章，就像在记录我自己经历的事情一样，十分贴切，也更能解决问题。"

甚至有的妈妈会给我提要求，请我写些这样的或者那样的她们关心的话题。于是，我将养育男孩所碰到的问题逐条列出，梳理成目录，集结成书。在一个个灯火通明的夜晚，用键盘敲击着文字，这些字句和段落，从我指尖打出，却奔着你们而去，它期待早些与你们相遇。我希望，我的文字，能够帮助、温暖更多的父母，让你们在育儿的路上不再孤独、困惑的时候有书本陪伴。

有了儿子以后，我时常思索，我一直希望我的儿子能够成为率真、勇敢、有担当的人……那么，我有没有给儿子树立一个良好的、积极上进的榜样？儿子长大后，会不会为有我这样一位妈妈而感到自豪？这个目标是我前进的动力。

在每晚孩子熟睡后，疲惫的我强打起精神，看书写作。我希望我的上进，能够传递给孩子坚忍；希望我的积极，能够影响孩子乐观……育儿如同酿酒，融合物理、化学等诸多反应，过程缓慢且复杂，经过细心呵护，每一个春夏秋冬都有它独特的味道，而和儿子一起经历生活的琐碎点滴、起伏磨合，每一年，都历久弥醇。

期待这本书，能够陪伴你们，带给你们光亮。让时间有限的你，有"一书在手，育子无忧"的感觉。

希望你喜欢！

参考书籍

[1].[美]劳拉·E.贝克.婴儿、儿童和青少年（第五版）[M].桑标等,译.北京：人民出版社,2014.

[2].[美] David R.Shaffer & Katherine Kipp.发展心理学：儿童与青少年（第九版）[M].邹泓等,译.北京：中国轻工业出版社,2016.

[3].孙瑞雪.捕捉儿童敏感期（珍藏版）[M].北京：中国妇女出版社,2013.

[4].[美]简·尼尔森.正面管教（修订版）[M].玉冰译.北京：北京联合出版公司,2016.

[5].[美]海姆·G.吉诺特.孩子,把你的手给我[M].张雪兰译.北京：京华出版社,2004.

[6].邓学之,师素英.0-7岁蒙台梭利教子丛书系列[M].银川：阳光出版社,2011.

[7].[美]默娜·B.舒尔,特里萨·弗伊·迪吉若尼莫.如何培养孩子的社会能力[M].张雪兰译.北京：京华出版社,2009.

[8].施芹.好妈妈胜过好老师[M].汕头：汕头大学出版社,2014.

[9].[美]玛兹丽施.如何说孩子才会听 怎么听孩子才肯说[M].安燕玲译.北京：中央编译出版社,2012.

[10].穆阳.三分爱七分管,或——养育男孩手册[M].北京:商务印书馆国际有限公司,2011.

[11].[美]乔治·M.卡帕卡.这样跟孩子定规矩,孩子最不会抵触[M].叶小芳译.南京:江苏教育出版社,2012.

[12].张晓萍.好妈妈不打不骂培养男孩300个细节[M].海口:南海出版公司,2015.

[13].伊里奇.你的孩子一定有自己的强项:养育儿子[M].北京:中国人口出版社,2009.

[14].孙朦.培养最优秀的男孩[M].北京:中国长安出版社,2009.

[15].[美]塞西·高夫,戴维·托马斯,梅丽莎·切瓦特桑.遇见孩子,遇见更好的自己[M].刘华,陈立译.北京:新世界出版社,2014.

[16].卢琼.让男孩更像男孩[M].合肥:安徽科学技术出版社,2013.

[17].谢正斌.父母课堂或——养育男孩[M].北京:中国长安出版社,2011.

[18].尹建莉.好妈妈胜过好老师(套装2册)[M].北京:作家出版社,2014.

[19].罗玲.妈妈强大了,孩子才优秀[M].南昌:江西科学技术出版社,2016.

[20].[美]梅格米克.男孩就该有男孩样[M].聂传炎译.北京:中国编译出版社,2015.

[21].伊莎.犹太人育儿经[M].北京:中国商业出版社,2013.

[22].木紫.养育有出息的男孩[M].贵阳:贵州人民出版社,2014.

[23].李群锋.儿童行为心理学[M].苏州:古吴轩出版社,2016.

[24].[美]威廉·西尔斯,玛莎·西尔斯.西尔斯育儿经(最新版)[M].蔡骏译.北京:华夏出版社,2013.

[25].武志红.为何家会伤人[M].北京:北京联合出版公司,2014.

[26].[美]鲁道夫德雷克斯，薇姬·索尔兹.孩子：挑战.[M].甄颖译.北京：生活·读书·新知三联书店，2015.

[27].[美]爱默生·艾格里奇.养育男孩（母亲版）[M].阳光博客出品.北京：九州出版社，2017.

[28].李雪.当我遇见一个人[M].北京：北京联合出版公司，2016.

[29].[澳]史蒂夫 比达尔父.养育男孩（典藏版）[M]丰俊功，宋修华译.北京：中信出版社，2014.

[30].云香.孩子的成长，妈妈的修行[M].北京：北京理工大学出版社，2015.